„GRÖSSE ZU LIEBEN WAR MEINE SELIGKEIT…"

***

BIOGRAFISCHE SKIZZEN ZU CAROLINE VON BEULWITZ-WOLZOGEN

Für Christel Fenk

*

Der Weg zu ihr – ein Vorwort

Anfangs begegnete ich der Caroline von Wolzogen über eine ganze Anzahl von Frauen: über Sophie Mereau, Caroline Schlegel, Charlotte von Kalb, Charlotte Schiller, Dorothea Schlegel, Caroline Paulus... Sie alle lebten kürzere oder längere Zeit im Thüringischen, hatten Kontakte zu den gelehrten Männern ihrer Zeit und schrieben Romane, Erzählungen oder Gedichte. Da ihnen die Universitäten verschlossen blieben, lebten sie ihre Bildung und ihr kulturelles Interesse in geselligen Kreisen. Manch eine von ihnen führte einen Salon und stand so im Mittelpunkt gesellschaftlicher Aufmerksamkeit. Sie alle hinterließen umfangreiche Briefwechsel.

Fällt der Name Carolines, so denkt man auch an ihre Schwester Charlotte und an Schiller. Caroline ist der Nachwelt als die Frau bekannt, die der berühmte Dichter gleichfalls geliebt hat. Man wird neugierig auf ihre Person.

Caroline von Wolzogen war Mutter, Schriftstellerin und Übersetzerin. Sie schrieb zwei Romane, einige Erzählungen, ein Drama, philosophische Betrachtungen und natürlich Briefe, von denen nur ein Teil erhalten blieb. Zwanzig Jahre nach Schillers Tod schrieb sie eine Biografie über ihren Schwager, in der sie ihre eigene Rolle kleiner hielt, als sie ursprünglich gewesen war.

Aus ihren Kreisen ist sie nie ausgebrochen. Klug wusste sie immer für ein Maß an Wohlhabenheit zu sorgen. Caroline war vielseitig interessiert und schulte ihren Geist weit über das übliche Maß. So konnte sie ihrem Schwager immer wieder eine geistige Begleiterin sein, sich damit einen Traum erfüllend, den sie in der Jugend geträumt hatte.

Einige Spuren ihres einstigen Umfelds kann man heute noch finden: ihr Geburtshaus in Rudolstadt, den Heisenhof, heute Lengefeldstr. 1, das Haus ihrer ersten Ehe in der Neuen Gasse, der heutigen Schillerstraße 25, das Jenaer Wohnhaus, obgleich nicht mehr im Originalzustand, in der

Saalbahnhofstr. 12, schließlich ihr Grab auf dem Jenaer Johannisfriedhof. Ein kleines Steinkreuz, eine Nachbildung des Originals, von Efeu umrankt, rührt den Betrachter an. Der Friede der Ruhestätte dieser Unruhigen überträgt sich.

Im Herbst 1998 fand in Rudolstadt eine Konferenz statt, die Caroline von Wolzogen gewidmet war. Es wurde berichtet, dass im Verhältnis zu ihrem gedruckten Werk große Mengen von Manuskripten, Briefen, Ideenskizzen noch unbearbeitet vorhanden sind. Der Nachlass ist geteilt und befindet sich im Deutschen Literaturarchiv in Marbach, im Archiv der Stiftung Weimarer Klassik und in einem privaten Archiv in den USA in Bloomington.

Für die Vorbereitung der zweiten Auflage wurden neue Fakten zur Biografie der Caroline von Wolzogen eingearbeitet und dazu auch zwischenzeitlich erschienene Literatur herangezogen. Neben der Fachliteratur gibt auch der im Jahr 1999 erschienene Roman „Das sanfte Joch der Vortrefflichkeit" von Renate Feyl eine unkonventionelle Sichtweise auf die Lebensgeschichte der Caroline. Die hier vorliegenden Biografischen Skizzen stellen einen kompakten Abriss der Biografie dieser bemerkenswerten Frau dar, dessen Informationswert durch zahlreiche Briefzitate und Abbildungen unterstützt wird.

C. Theml
Jena, im Oktober 2002

Kindheit und Jugend

Die Lengefelds gehörten neben wenigen anderen Familien zum alten ansässigen Adel Rudolstadts. Ihre Stammgüter in Thüringen lagen in Reschwitz und Pippelsburg. Das Wohnhaus der Lengefelds, der sogenannte Heisenhof, befand sich in Rudolstadt. Verpächter war Herr von Stein, Charlotte von Steins Ehemann.

Rudolstadt war damals eine kleine Residenzstadt mit 511 Häusern und 4100 Einwohnern. Noch umschlossen die alten, vom Schlossberg ausgehenden Mauern mit den dazugehörigen Toren die Stadt, in der die Menschen verschiedener sozialer Schichten relativ isoliert voneinander lebten. In ihrer Schillerbiografie beschrieb Caroline später ihre Geburtsstadt: „Meine Schwester lebte mit meiner Mutter und mir in Rudolstadt, am Ufer der Saale, in einem Thale, dem ferne großgezeichnete blaue Gebirge und nahe waldumkränzte Anhöhen, von denen es umgeben ist, so großen Reiz verleihen. Die sanfte Krümmung des Flusses, die drei frischen und angebauten Thäler, die sich dem Auge eröffnen, geben der Gegend einen eignen mannigfaltigen Zauber. Dieser anmutige Ort, in welchem sich erst unter der Regierung des gütigen kunstliebenden Fürsten Ludwig Friedrich und seiner geistvollen Gemahlin ein geistiges und geselliges Leben bildete, war damals tot und langweilig und stand hinsichtlich aller Annehmlichkeiten des geselligen Lebens hinter den benachbarten Städten weit zurück. Obgleich es an wissenschaftlich gebildeten Männern nicht fehlte, ein Gymnasium, eine gute Bibliothek, eine Kupferstichsammlung und ein Naturalienkabinett alle Elemente zur Ausbildung darboten, ja sogar sich einige Poeten daselbst befanden, so ging von dem allen doch wenig in den gesellschaftlichen Kreis über."

Der 46-jährige Carl Christoph von Lengefeld hatte 1761 Luise Eleonore Friederike von Wurmb, die erst 18 Jahre alt war, geheiratet. Von Lengefeld war seit 1743 Oberförster des Fürsten Anton Friedrich von Schwarzburg-Rudolstadt.

Carl Christoph von Lengefeld

Luise von Lengefeld

Im Jahr der Eheschließung wurde er Stiftsgutsinspektor in Rudolstadt.

Obwohl er seit einem Schlaganfall im Alter von 20 Jahren am rechten Bein und am linken Arm gelähmt war, versorgte er mit viel Engagement und Umsicht den Wald seiner Herrschaft. Daneben beschäftigte er sich auch mit theoretischen Fragen der Forstwirtschaft und verfasste einschlägige Schriften. Als Fachmann war er in ganz Deutschland gefragt, auch die Weimarer Herzogin Anna Amalia beauftragte ihn, die Wälder ihres Herzogtums zu reformieren. Sein guter Ruf drang bis nach Berlin, so dass er 1763 von Friedrich II. aufgefordert wurde, in dessen Dienste zu treten. So verlockend das ehrenvolle Angebot war, so günstig die finanziellen Konditionen ausfielen, von Lengefeld lehnte ab. Seine Tochter Caroline berichtete später: „Die Schwierigkeit des Unternehmens, lang eingewurzelte Missbräuche zu bekämpfen, die Bedenklichkeit, die Existenz vieler Individuen aufs Spiel zu setzen, da bei ihm die gute Sache und strenge Rechtlichkeit galten, schreckten ihn ab. Auch seine physiologische Unbehülflichkeit..."

Seine Frau war ihm eine treue Begleiterin. Sie war schön, lebenslustig und liebenswürdig und war am Rudolstädter Hof sehr beliebt. Sie kam aus nicht eben reichen Verhältnissen. Den Haushalt führte sie mit Sparsamkeit und Umsicht.

Am 3. Februar 1763 wurde Caroline als erstes Kind geboren, ein Jahr später ein Sohn, der nur vier Monate lebte, am 22.11.1766 folgte die Schwester Charlotte. Von dem Jungen ist nirgends die Rede; die Kindersterblichkeit war damals hoch. Weniger üblich war die geringe Zahl der Kinder aus dieser Ehe. Gemeinsam mit den Schwestern wuchs eine Cousine, Amalie von Lengefeld, auf.

Die Kindheit der Mädchen war behütet und glücklich. Das Streben der Mutter, die ihrer Liebenswürdigkeit wegen chère mère – liebe Mutter – genannt wurde, nach Harmonie verbreitete eine behagliche Atmosphäre.

Im Hause las man Rousseau. Seine in Deutschland viel diskutierten pädagogischen Grundsätze wurden auch bei der Erziehung der Lengefeldschen Töchter beachtet. Zwar orientierten sich die Eltern im wesentlichen an den Konventionen des Adels und unterrichteten die Mädchen in allen weiblichen Tugenden. Doch darüber hinaus sorgte der Vater dafür, dass Geist und Körper gleichermaßen zu ihrem Recht kamen. Die schöne Umgebung Rudolstadts prägte ihr Verhältnis zur Natur, über das man in Carolines Werken und in Charlottes Briefen lesen kann. „Wir lebten in einer lieblichen Gegend, und die mannichfaltigen und großen Naturgestalten um mich her nährten meinen Schönheitssinn", erinnerte sich Caroline später. Der Umgang mit Spielgefährten war offenbar weniger bedeutsam. Nur eine Verwandte, Friederike von Holleben, spätere Frau von Gleichen, deren Sohn die jüngste Tochter Schillers, Emilie, heiratete, war eine Freundin der Schwestern. Die Mädchen genügten sich im Wesentlichen selbst. Sie waren trotz ihrer adligen Herkunft in den alltäglichen Ablauf des Arbeitslebens einbezogen. Gartenarbeit, das Konservieren von Obst und Gemüse, Handreichungen in der Küche waren ihnen vertraut. Der Vater legte aber auch Wert auf eine Bildung für die Töchter, wie sie in der Regel nur Söhnen zuteil wurde. Er stellte einen Hauslehrer ein, der neben Fächern wie Zeichnen, Klavier, Gesang und Handarbeiten auch Geographie, Naturlehre, Geschichte und Literatur unterrichtete. Einen hohen Stellenwert hatten die Fremdsprachen.

Caroline las sehr gern und durfte die Bibliothek des Vaters benutzen. Mit besonderer Vorliebe wählte sie historische Werke und Plutarchs Biografien. Später dachte sie sehr differenziert über ihre frühe Entwicklung nach. „Von Kindheit an bin ich viel mit mir selbst umgegangen, kein andrer Mensch hat auf mich gewirkt, weil mir das Schicksal keinen nah stellte, dessen Geistesobergewalt ich anerkannte, und immer hatte ich ein scharfes Auge für die Lücken des Verstandes und die Schwächen des Herzens, das mir angeboren zu sein scheint. Denn ich entsinne mich dessen im zärtesten Alter. Diese Einsamkeit zwang mich, mich mit mir selbst zu beschäftigen, ich wurde mir selbst früh zum Gegenstand der Contemplation, und gewann eine Freiheit des Gemüthes, die nichts auf fremde Autorität annahm. Voll lebhafter Wißbegierde strebte mein Verstand nach mannigfaltigen Kenntnissen. Die Natur, die menschlichen Verhältnisse und die Gesetze meines eigenen Wesens, das in allen Beziehungen zu sich empfand, suchte ich mit Erkenntnis zu umfassen. Ich las viel, ohne Wahl und Plan. Man lehrte mich weder Logik noch Mathematik, welches mir sehr dienlich gewesen wäre. Aus Instinkt, möcht ich's nennen, reihete ich meine Begriffe an einander, und konnte nichts einzelnes dulden ohn es in ein System zu verarbeiten. Einen wissenschaftlichen Kopf muß dieses Gemisch sonderbar dünken, vielleicht psychologisch interessant und vielleicht auch moralisch wichtig, weil bei mir jedes Erkennen auf mein Empfinden wirkte und weil aus meinem Empfinden sich früh ein moralisches Gesetz entwickelte und die geistige Schönheit meinem Auge enthüllt wurde..."

Obwohl Carl Christoph von Lengefeld häufig unterwegs war, die Wälder zu inspizieren, oft begleitet von seiner jungen Frau, legte er doch viel Wert auf familiäres Zusammensein. Da waren vor allem die Mahlzeiten, bei denen er den Mittelpunkt bildete, gesprächig, heiter, humorvoll. Caroline hing mit besonderer Liebe an ihm. Sie wird auch mehr als Charlotte sein Gesprächspartner gewesen sein. Die Schwester war zum einen noch zu klein für rege Diskussionen, zum anderen musste sie stets zum Gespräch ermuntert werden. Sie nahm lieber still auf und erinnerte sich später gern an oft wiederkehrende Eindrücke: „Ein einziger Tag meines früheren Lebens ist die Geschichte aller. Dieser Gewohnheit an das Einförmige danke ich in späteren Jahren viel Genuß. Ich lernte dadurch auf mir selbst zu ruhen." In ihrem Roman „Agnes von Lilien" schreibt die Schwester Caroline später: „Wer die Wohltat des einförmigen Lebens nie empfunden hat, der sieht nur Langeweile dabei; aber wer es gekannt hat, wie die Seele nach Zerstreuungen und Weltgewühl ihr besseres Ich in einer tätigen Einsamkeit wieder findet, wie sie sich endlich der äußeren Stille und Ordnung anschmiegt, und sie in sich einsaugt, der wird vielleicht diese Lebensweise die glücklichste nennen." Hier näherte sie sich ihrer jüngeren Schwester.

Natürlich fanden auch gegenseitige Besuche der adligen Familien statt. Baron von Gleichen war ein naher Freund der Familie. Die von Schardts, von Steins, von Wurmbs und von Beulwitz' gehörten ebenfalls zum Freundeskreis der von Lengefelds. Karl Gerd von Ketelhodt, genannt „der Alte" oder „der liebliche geheime Rat, der einem die Ohren vollärmt", und sein Sohn, Friedrich Wilhelm, genannt „der spanische Molch", der um Charlotte warb, waren Hofangestellte, die mit den Lengefelds Umgang hatten. Die Stellung des Vaters ging mit Repräsentationspflichten am Hof einher.

In Charlottes Erinnerungen hat sich ein alter Pfarrer erhalten, den die Lengefelds regelmäßig besuchten und der aus dem Einerlei herausragte und trotzdem typisch für seine Zeit war. „Die runden Fensterscheiben im Zimmer, der große Schrank von Nußbaum, mit großen geschliffenen Gläsern besetzt, mit Kirschen von Glas und einer ruhenden Kuh von Porzellan, die eine Butterbüchse war, war mir so lieb als der Kohlkopf in Vosses Luise. Ein schöner bunter Teppich lag auf dem Kaffeetisch. An der Seite des Zimmers war ein Fensterchen, das in die Küche sehen ließ, wo der Kaffee uns entgegendampfte oder die schönen Kuchen gebacken wurden. Die Hoffnung, die Erwartung, was uns bevorstände, war für mich wichtig. Wenn der Tisch recht mit den Gaben des Herbstes prangte, saß ich recht gemütlich und hörte den Gesprächen, die mit Einfalt im Gemüt gehalten wurden, zu und verlor mich in dieser Welt. Wenn um sechs Uhr die große Glocke schallte, wir mochten in welchem Gespräch wir auch wollten, begriffen sein, so faltete der gute alte Mann seine Hände und betete laut, wir beteten mit; die alte Frau Pfarrerin ging zu ihm, rief ihm laut ins Ohr, denn er war taub: glückseligen guten Abend, Papa! und das vorige Gespräch begann wieder. Um sieben Uhr verließen wir diesen langen Besuch, aber nicht ohne Rührung über die Güte und Einfalt, im edeln Sinn des Wortes, unserer Freunde."

Dieses unbeschwerte Leben und die harmonische Gemeinschaft der Eltern endeten jäh. Der Vater starb 1776 nach kurzer Krankheit, und die Mutter blieb mit den Töchtern allein. Der erste Schatten fiel über ihr Leben, und es war gleich ein großer Verlust. Caroline war dreizehn Jahre alt, Charlotte zehn.

Im Alter von 24 Jahren schrieb Caroline an ihren Cousin und treuen Freund Wilhelm von Wolzogen: „In meiner frühesten Jugend hatte ich so eine Erscheinung in meiner Seele – aber mein Herz wurde gekränkt, innig gekränkt durch die Disharmonie, die ich unter meinen Empfindungen und denen des Gegenstandes meiner Liebe fand. Dies gab mir eine Gleichgültigkeit, die aus dieser Quelle in das Menschenleben strömt, die mich vor allen heftigen Eindrücken von andern Seiten schützte und mir eine gewisse Schwermuth, eine Furchtsamkeit, mein ganzes Herz an irgend etwas ganz zu hängen, ließ." Aus dem Brief geht nicht hervor, welches Ereignis sie meint. Es könnte sich auf ihren Ehemann Ludwig von Beulwitz beziehen, der schon früh von der Mutter für sie ausgewählt wurde, vielleicht unmittelbar nach dem Tode des Vaters. Chère mère kannte ihre Pflicht, darauf zu achten, dass die beiden Töchter standesgemäß heirateten.

Von Beulwitz versprach, eine gute Karriere am Rudolstädter Hof zu machen. Er war acht Jahre älter als Caroline und ein stattlicher und gebildeter Mann. Vier Jahre hatte er an den Universitäten Erfurt, Wittenberg und Leipzig in Begleitung eines Hofmeisters studiert. Bereits 1774 erhielt er 19-jährig eine feste Anstellung als Kammerjunker und Regierungsassessor am Rudolstädter Hof. Er entstammte, ähnlich wie die Lengefelds, einer adligen Familie, deren

Wurzeln bis ins 13. Jahrhundert zurückreichten. Oberhalb von Eichicht, in Thüringen, stand ihr altes Herrenschloss. Ludwig von Beulwitz war mit seiner Heimat tief verwurzelt. Redlichkeit, Sachlichkeit, Geschicklichkeit und Treue wurden ihm nachgesagt.

Chère mère kannte den künftigen Schwiegersohn von dessen Kindheit an. 1778 schrieb sie ihm ins Stammbuch:

„Aber süßer ist's noch, schöner und reizender
In den Armen des Freunds wissen ein Freund zu sein!
So das leben genießen
Nicht unwürdig der Ewigkeit!

Ich nenne mich glücklich auch an Ihnen einen Freund zu haben, der die Empfindungen einer wahren und edlen Freundschaft kennt, und unterzeichne mich mit Hochachtung und Ergebenheit Ihre Freundin und Dienerin von Lengefeld, geb. v. Wurmb."

Caroline, die fünfzehn Jahre alt war, trug sich ebenfalls ein. Sie schrieb ins Stammbuch:

„Segen geleite dich Freund! O sei der Liebling des Glücks, Jenes reineren Glücks, welches der Weise nur kennt; Sei der Liebling, wie du der menschenfreundlichen Tugend Und der Weisheit es bist! Segen geleite dich, Freund!

Durch diese Zeilen empfiehlt zu freundschaftlichem und gütigem Andenken Ihre gehorsame Dienerin und Freundin C. v. Lengefeld."

Während chère mère Caroline rasch in eine Ehe drängte, die vorläufig zwar Sicherheit, aber auch Stillstand ihrer Entwicklungsmöglichkeiten bedeutete, sollte die jüngere Tochter Charlotte zunächst Hofdame in Weimar werden. Weimar war ein Musenhof und das geistige Zentrum Deutschlands geworden. Mit Wielands Ankunft hatte dort eine Entwicklung begonnen, die sich mit Goethe und Herder fortsetzte und unter der Herrschaft des Fürsten Carl August zu hoher Blüte gelangte. Die im Zeichnen und Musizieren begabte Charlotte würde von diesem kulturellen Klima profitieren können, obgleich der Dienst als

Hofdame gar nicht so reichen Spielraum für eigene Neigungen ließ. Es gab auch persönliche Bindungen an den Hof, Frau von Stein war Charlottes Patentante.

Eine notwendige Voraussetzung für die Erfüllung dieses Zukunftsplanes war der Umgang mit der französischen Sprache. In Rudolstadt waren alle Bemühungen auf Grenzen gestoßen. Die Schwestern hatten sich im Lesen und Schreiben durchaus üben können, weniger aber in der Konversation. So wuchs 1783 der Plan, für einige Zeit in die französische Schweiz zu reisen. Die Schweiz galt zu dieser Zeit ihrer schönen Landschaft wegen als Traumland. Die biedere Frau von Lengefeld wollte die Töchter keinen Gefahren aussetzen. Zur Beruhigung der Mutter erklärte sich Ludwig von Beulwitz bereit, die drei Frauen zu begleiten. Er nahm Urlaub bei Hofe, der ihm auch ohne weiteres gewährt wurde. Allerdings hegte von Beulwitz die Absicht, aus dienstlichen Gründen fünf Monate in Lyon zuzubringen.

Es kam damals selten vor, dass Frauen reisten. Ihr Raum war das eigene Heim. Deshalb lasen sie mit Vorliebe Reiseliteratur, um wenigstens in ihrer Phantasie die eigene kleine Welt zu verlassen. Bettina Brentano und Caroline von Günderode dachten sich Routen in ihren Briefen aus, Bettina zeichnete Landkarten dazu. Hinter solcher Leidenschaft lässt sich eine große Sehnsucht nach Ferne und Unbekanntem vermuten. Caroline erinnert sich: „Nur wer uns von fremden Orten und Gegenden erzählte, war uns willkommen; denn bei aller Freude am Hause erfüllte uns doch ein lebhaftes Verlangen, die Welt kennen zu lernen, und eine Sehnsucht nach der Ferne." Schiller schrieb einmal an Charlotte: „Es ist gut daß Sie Sich ihr kleines Zimmer (denn trotz dem weggenommenen Ofen kann ich es nicht mit der Peterskirche vergleichen) durch Reisebeschreibungen recht groß und weit machen." (27.11.1788)

Am 22.4.1783 begann die Reise in die Schweiz um drei Uhr morgens. Charlotte erzählt in ihrem Tagebuch von allen Zwischenaufenthalten. Coburg war die erste Station, später sahen sie Kloster Banz und Vierzehnheiligen liegen. Sie übernachteten in Bamberg, auch in Erlangen, wo es so ruhig war, als gäbe es keine Universität. Sie spazierten durch Nürnberg, sahen Gemälde von Dürer, weilten eine längere Zeit in Ludwigsburg in Württemberg, wo sie Christian Daniel Schubart im Gefängnis besuchten und die Schwestern den Cousin Wilhelm von Wolzogen auf der Militärschule des Herzogs Karl Eugen kennenlernten, wo er wie auch seine Brüder studierte und wo auch Friedrich Schiller gelebt hatte. Über die Karlsschule schrieb Charlotte: „Die Einrichtung der Akademie ist sehr hübsch. Aber es macht einen besonderen Eindruck aufs freie Menschenherz, die jungen Leute alle beim Essen zu sehen. Jede ihrer Bewegungen hängt von dem Winke des Aufsehers ab. Es wird einem nicht wohl zu Muthe, Menschen wie Drahtpuppen behandelt zu sehen." Wilhelm v. Wolzogen war der Sohn von Henriette v. Wolzogen, die Schiller in Bauerbach Asyl gewährte. Die Bekanntschaft mit dem jungen Mann hatte Folgen. Von Wolzogen bewunderte seine gewandte und belesene Cousine Caroline, und beide versprachen einander, in Briefkontakt zu bleiben.

Von Schiller weiß man, dass die Zöglinge der Militärakademie eigentlich nur von weiblichen Wesen besucht werden durften, die noch nicht in dem Alter waren, einem Mann zu gefallen, oder die bereits wieder über dieses Alter hinaus waren. Caroline hatte einen tiefen Eindruck auf Wilhelm von Wolzogen gemacht. Er blieb unverheiratet, bis er 1794 nach ihrer Scheidung von Beulwitz mit Caroline den Lebensbund schloss.

Die leicht zu begeisternde Caroline und ihre Reisegefährten werden mit mehr Vergnügen als Anstrengung durch Süddeutschland gereist sein. Es war das erste Mal, dass sie größere Städte durchliefen oder durchfuhren.

Mehrfach erlebten sie das Gefühl, nach langer Fahrt durch eine reizvolle Landschaft ein Stadttor zu passieren und Menschen in ungewohntem Dialekt reden zu hören. Erstmals speisten sie in Gasthäusern und sahen andere

Reisende und buntes Volk. Bereits in Winterthur lernten sie Johann Kaspar Lavater, den Schriftsteller und Religionsphilosophen, kennen, der mit vielen Zeitgenossen Kontakte pflegte.

Ziel der Reise war Vevey am Genfer See. Da schon Rudolstadt mit seiner reizvollen Umgebung die Phantasie der Mädchen geformt hatte, wird die Schweiz vertiefend gewirkt haben. Caroline wurde zum Schreiben angeregt. Sophie von La Roche veröffentlichte 1784 eine Reisebeschreibung Carolines in den Grindelwald in der Zeitschrift „Pomona für Teutschlands Töchter". Auf der Heimreise hatten die Lengefelds die berühmte Schriftstellerin und Großmutter der Bettina Brentano in Speyer kennengelernt.

In Carolines Erzählungen finden sich später Naturbeschreibungen, die von so herber Schönheit sind, dass man annehmen muss, dass hier ihre Erinnerungen immer wieder durchgebrochen sind. Auch Schiller wird bei der Ausarbeitung des „Wilhelm Tell" von Caroline viel über die Naturschönheiten der Schweiz erfahren haben.

Im Mai 1784 wurde die Rückreise angetreten. Die Frauen und von Beulwitz wählten eine andere Route, um noch einmal die Reize neuer Landschaften auszukosten.

In Mannheim begegneten sie erstmals Friedrich Schiller, der dort als Theaterdichter lebte. Die Lengefeldtöchter beeindruckten ihn kaum, er umwarb damals Charlotte von Kalb und war mit dieser Beziehung ausgefüllt. Auch die beiden jungen Mädchen waren etwas enttäuscht vom Aussehen des Dichters der „Räuber".

Es wird für die Frauen ein gutes Gefühl gewesen sein, die vertraute Umgebung nach so langer Abwesenheit wiederzusehen und die gewohnten Räume ihres Hauses wieder in Besitz zu nehmen. Aber sie mussten sich nun auch wieder bescheiden.

Ehe mit Ludwig von Beulwitz

Am 2. September 1784 heirateten Caroline von Lengefeld und Ludwig von Beulwitz in Eichicht in der Patronatskirche der Familie. Nach der Hochzeit verließen auch Luise und Charlotte Lengefeld den Heisenhof am Rande Rudolstadts und zogen mit dem jungen Ehepaar ins Innere der Stadt, in die Neue Gasse, die heutige Schillerstraße 25. Parallel zur Straße liegt das Haus, in dem Caroline mit ihrem Mann lebte, im rechten Winkel in den Garten hinein steht das Gebäude, in dem Charlotte und die Mutter wohnten. Ein Tempelchen im Garten ergänzte den Beulwitzschen Besitz. Vor dem Haus entlang lief eine breite Lindenallee. Zur Rechten und Linken lagen Gärten.

Ludwig von Beulwitz hatte nicht nur eine Frau, sondern auch deren Mutter und Schwester geheiratet. Sie brauchten einen Ernährer und Beschützer, und diese Rolle erfüllte er vorbildlich.

Für chère mère wird es eine große Erleichterung gewesen sein, die ältere Tochter standesgemäß verheiratet zu wissen. Die Zukunft nur noch einer Tochter sichern zu müssen, war eine überschaubare Aufgabe. Außerdem hatte chère mère so die Rolle des Familienoberhauptes rasch wieder abgeben können. In einem Brief an Caroline schrieb sie später einmal, dass sie so gar nicht über Geld verfügen konnte, sie war es einfach nicht gewöhnt.

Luise von Lengefeld war anschmiegsam, gab ihre Liebe gern, sorgte für die ihren und entsprach so ganz dem Frauenbild ihrer Zeit. Die Töchter waren da komplizierter, vor allem Caroline. Man kann darüber nachdenken, warum Caroline in der Familie den Beinamen „die Bequemlichkeit" und Charlotte den Beinamen „die Weisheit" gehabt haben. Ihrem Wesen nach sind beide Kinder einer neuen Generation. Der Einfluss des Vaters, der den Mädchen die Ideen der Aufklärung nahegebracht hatte, wirkte nach. Doch keine der beiden hätte sich gegen die Mutter erhoben. Caroline bewies das mit ihrer Fügung in die Ehe, und

Charlotte schrieb einmal an Schiller, dass sie lange Zeit in der Furcht gelebt habe, die Mutter könnte ihr einen anderen Mann aussuchen. Dann wäre zwar ihr Herz weiter bei ihm geblieben, die Hand hätte sie aber einem anderen reichen müssen. Gehorsam gegen die Eltern war selbstverständlich.

Neben Aufklärung und Vernunft hatte die Empfindsamkeit in den letzten Jahren des 18. Jahrhunderts wieder gesellschaftliche Anerkennung erlangt. Die Aufklärung hatte das Gefühlsleben unterdrückt, und vor allem die Frauen suchten nach Ausgleich. Der Pietismus ließ die Reflexion über Gefühlsregungen wieder zu, und nach und nach bildete sich eine Kultur der Empfindungen, die sich mannigfach äußerte. Männer und Frauen schrieben sich Briefe, in denen Gefühle erörtert wurden. Es bildeten sich Verbindungen und Zirkel, in denen man sich duzte, zärtlich miteinander umging und viel über Seelenregungen sprach. In der Literatur bevorzugte man die Form des Gesprächs, des Briefes und des Tagebuches. Das Aussprechen stand im Vordergrund. Es war auch üblich, die Konvenienzehe zu ignorieren und seine Liebe anderen zukommen zu lassen, die der eigenen Natur näherstanden.

Caroline wurde von dieser Kultur stark geprägt und verkörperte sie ein ganzes Leben. Ihre späten Briefe und Tagebuchaufzeichnungen lassen den heutigen Leser miterleben, wie es ist, einen Geist lebendig zu erhalten, dessen Zeit längst vergangen ist, dem Caroline aber nicht untreu werden wollte und konnte. Melancholie ist die Grundstimmungen, aus der heraus sie sich im Alter äußerte.

Diese Entwicklung zeichnete sich seit ihrer Eheschließung ab. Sie hatte ihre Wünsche und Träume zurückgestellt und den Notwendigkeiten des Lebens nachgegeben.

Im sozialen Sinne war sie gestiegen. Sie wurde im Familienkreis „die Frau" genannt. Als Gattin genoss sie mehr Achtung und Selbstständigkeit, wenngleich sie auch seit des Vaters Tod schon immer die führende Persönlichkeit unter den drei Frauen gewesen war.

Wenn man nun von ihr als „der Frau" sprach, so hatte diese Bezeichnung auch einen leicht ironischen Klang. Beulwitz war viel unterwegs. Im Grunde hatte sich mit der Hochzeit nicht viel geändert. Nach dreijähriger Ehe schrieb Caroline an den Freund Wolzogen: „Beulwitz ist ein sehr gerader, ehrlicher, edler und verständiger Mensch. Sein Charakter läßt ihn sehr selten tiefe Eindrücke aufnehmen, denn er ist leicht, und mehr zum allgemeinen Wohlwollen gegen die Leute die um ihn sind, als zur besonderen dauernden Anhänglichkeit gegen einzelne Personen geneigt. Er hat völliges Zutrauen in meine Ehrlichkeit und in die Reinheit meines Herzens, und beurtheilt mich nicht falsch, obgleich unsre Gefühle über diesen Punkt verschieden sind, denn mein Herz ist starker Anhänglichkeit, ausschließender Liebe fähig, und kann nicht mit allen Leuten sympathisieren, und so sehr es auch bedarf zu lieben, so zieht es sich doch lieber in sich selbst zurück, da wo es kein gleichgestimmtes findet. Es fiel Beulwitz noch nie ein, die Wärme meiner Liebe für irgend jemand übel zu nehmen."

Hier reflektiert sie schon die Geschichte ihrer Ehe, die doch gerade erst begonnen hatte. Caroline stellte hohe Ansprüche an die seelischen Qualitäten ihres Mannes, denen Beulwitz nicht genügen konnte. Ob er unter ihr litt, ist nicht zu erfahren. Donata von Beulwitz, eine Nachfahrin, versuchte zu rekonstruieren, was man aus Zeugnissen des Mannes nie herauslesen konnte. Sie stellte die Ehegeschichte aus der Sicht der Familie dar. Danach war Caroline exzentrisch und wenig fürsorglich. Über ihren Studien der Metaphysik soll sie ganz die Bedürfnisse ihres Mannes vergessen haben, sich nicht viel Mühe gegeben haben, ihm die Partnerin zu sein, die er sich wünschte. Von Beulwitz hat wenige Fürsprecher in der Schillerliteratur gefunden. Zu seinen Lebzeiten mag das anders gewesen sein, damals wurde Caroline verurteilt. Sie setzte stärker, als die Traditionen es erlaubten, ihre eigenen Interessen durch.

Wilhelm Ludwig von Beulwitz

Caroline von Wolzogen, gesch. von Beulwitz

1786, im dritten Jahr ihrer Ehe, schrieb Caroline an Wolzogen: „Ich lebte diesen Winter so still in mir selbst fort, sah die Welt mit an, und sah immer mehr, daß wenn unser Leben hinnieden der Zweck unsers Dasein wäre, wir gar armselige Geschöpfe wären. Welche Leeren, welche Lücken sind nicht in dem Leben des Menschen." Beulwitz liebte seine Frau und kämpfte jahrelang um die unglückliche Ehe. Caroline gebar ihm keine Kinder. Damit erfüllte sie eine wichtige weibliche Aufgabe, dem Manne die Erbfolge zu sichern, nicht. Dazu kam, dass die Beulwitzschen Güter Mannlehen waren. Ein Sohn musste Erbe werden, um die Ländereien der Familie zu erhalten. Das wird Caroline nach den zehn Jahren Ehe entgegengekommen sein; die Scheidung, die sie lange anstrebte, konnte leichter vollzogen werden. Von Beulwitz dachte an seine Zukunft.

Zuvor aber mussten diese Jahre gelebt werden. Glücklicherweise war das Haus groß genug, so dass Caroline die wachsende Abneigung gegen ihren Mann durch räumliche Trennung erträglich gestalten konnte. Hier kam ihr die Sitte der Zeit entgegen. In den adligen Familien hatten Männer, Frauen und Kinder eigene Räume, die oft sogar durch Etagen getrennt waren. Caroline verstand sich mit der jüngeren Schwester sehr gut, die beiden verbrachten die langen Tage miteinander. Die schöne Umgebung, der Fluss, Parkanlagen und die kleine Stadt gaben den Rahmen für ihre Spaziergänge. Das Interesse an Literatur verband sie beide ihr Leben lang. Auch musizierten und zeichneten sie, Charlotte besuchte sogar die Akademie in Rudolstadt.

Gefährten bei geselligen Unternehmungen waren der Erbprinz Ludwig Friedrich und sein Bruder Prinz Carl. Caroline war in späteren Jahren mit der Gattin des Erbprinzen befreundet. Nach wie vor aber waren die Schwestern am liebsten unter sich. Die Reise in die Schweiz hatte ihre Ansprüche wachsen lassen. Etwas verwunderlich ist, dass sie Jena und Weimar bis 1788 noch nicht oder selten aufsuchten, um dort am geistigen Leben teilzunehmen.

Begegnung mit Friedrich Schiller

„An einem trüben Novembertage (lt. v. Wilpert am 6. Dez. 1787 – C.T.) im Jahre 1787 kamen zwei Reiter die Straße herunter; sie waren in Mäntel gehüllt; wir erkannten unsern Vetter Wolzogen, der scherzend das halbe Gesicht im Mantel verbarg; der andere Reiter war uns unbekannt, und erregte unsere Neugier. Bald löste sich das Räthsel durch den Besuch des Vetters, der um die Erlaubniß bat, seinen Reisegefährten Schiller am Abende bei uns einzuführen. Schillers Zukunft knüpfte sich an diesen Abend." So erinnert sich Caroline in ihrer Biografie „Schillers Leben".

Schiller, noch nicht dreißigjährig, war im Juli 1787 von Dresden nach Weimar gekommen, um endlich unabhängig zu werden. Bis dahin hatte sein Freund Christian Gottfried Körner für seinen Unterhalt gesorgt. Weimar enttäuschte ihn. Goethe war noch in Italien. Die Liebe zu Charlotte von Kalb erkaltete. Zum Hof fand er keinen Zugang. In seinen Briefen an den Freund klagte Schiller über sein trauriges Befinden und setzte alle Hoffnungen auf eine Frau, die es noch zu finden galt.

Den Ritt nach Rudolstadt machte er dem Freund Wilhelm von Wolzogen zuliebe. Wer hätte auch annehmen sollen, dass dieses kleine Provinzstädtchen ihm etwas bieten würde? Der Abend mit den Lengefelds muss sehr unterhaltsam ausgefallen sein. Die beiden Frauen konnten Wolzogen und Schiller zwar nicht bewegen, ihren Aufenthalt etwas auszudehnen; sie schmiedeten aber Pläne, den kommenden Sommer gemeinsam in Rudolstadt zu verbringen. Die Gegend und die kleine Familie gefielen Schiller ausnehmend gut. An Körner schrieb er wenige Tage später: „In Rudolstadt habe ich mich auch einen Tag aufgehalten, und wieder eine recht liebenswürdige Familie kennenlernen. Eine Frau von Lengenfeld lebt da mit einer verheirateten und einer noch ledigen Tochter. Beide Geschöpfe sind (ohne schön zu sein) anziehend und gefallen mir sehr. Man findet hier viel Bekanntschaft mit der neuen Literatur,

Feinheit, Empfinden und Geist. Das Clavier spielen sie gut; welches mir einen recht schönen Abend machte..."

Wie mag Caroline auf den nächsten Sommer gewartet haben! Bisher glichen sich die Jahre mit Ausnahme der Schweizreise und der Hochzeit. Der Kreis der Bekannten war konstant geblieben. Jugend aber strebt nach Veränderung, Erweiterung. Caroline flüchtete oft in Träume, lebte eine eigene Welt, in die später ihre Bücher und Erzählungen führen. Nun hatte sie Schiller kennengelernt. Sie wird sich oft ausgemalt haben, wie anders die Abende verlaufen würden, wenn er erst wieder bei ihnen wäre. Als Charlotte, die ähnliche Vorfreude empfand, dann ein Haus in Volkstedt gefunden hatte, wo er wohnen sollte, nahmen die Träume Gestalt an.

Schiller traf am 20. Mai 1788 in Rudolstadt ein. Er stieg erst einmal im Gasthof ab, schrieb sogleich ein paar Zeilen an die Schwestern, um zu erfahren, wo er wohnen würde und um seiner Freude über den endlich beginnenden gemeinsamen Sommer Ausdruck zu geben. Am 25. Mai verlebten sie ihren ersten geselligen Abend.

Am nächsten Tag blieb Schiller in Volkstedt und schrieb an Körner: „Seit acht Tagen bin ich nun hier in einer sehr angenehmen Gegend... In der Stadt selbst habe ich an der Lengefeldschen und Beulwitzschen Familie eine sehr angenehme Bekanntschaft, und bis jetzt noch die einzige, wie sie es vielleicht auch bleiben wird. Doch werde ich eine sehr nahe Anhänglichkeit an dieses Haus, und eine ausschließende an irgend eine Person aus demselben, sehr ernstlich zu vermeiden suchen. Es hätte mir etwas der Art begegnen können, wenn ich mich mir selbst ganz hätte überlassen wollen. Aber jetzt wäre es gerade der schlimmste Zeitpunkt, wenn ich das bischen Ordnung, das ich mit Mühe in meinen Kopf, mein Herz und in meine Geschäfte gebracht habe, durch eine solche Distraction wieder über den Haufen werfen wollte." Er entschuldigte sich bei den Schwestern für sein Ausbleiben und wegen der Wandelbarkeit seiner Laune, die er mit allen Poeten gemeinsam habe. Ein zweiter Grund für seine Zurückhaltung war der Vorsatz, viel zu arbeiten. Er wollte endlich seine Schulden tilgen. Das konnte er nur übers Schreiben erreichen. Später hielten ihn des öfteren gesundheitliche Probleme in Volkstedt zurück oder auch manches Unwetter. Gesellschaften, mit denen die Schwestern Umgang hatten, mied Schiller lieber. Sie trafen dennoch häufig zusammen, wanderten durch die schöne Umgebung, gingen zum Vogelschießen, das Rudolstadts großes und einziges gesellschaftliches Ereignis war, an dem Adel, Bürger und Volk beteiligt waren, trafen sich in der Laube des Beulwitzschen Anwesens, wo sie einander vorlasen. Natürlich waren es zuerst die Schillerschen Werke, mit denen sich alle drei beschäftigten. Schiller schrieb später einmal an Caroline: „Wie glücklich sind Sie, daß Sie alles so genießen können, glücklich wie die unschuldigen Kinder, für die gesorgt wird ohne daß sie sich darum bekümmern dürfen wo es herkommt. Sie gehen durch das litterarische Leben wie durch einen Garten, brechen sich und beriechen was Ihnen gefällt – wenn der Gärtner und seine Jungen über lauter Arbeit nicht einmal die Zeit finden, ihrer Pflanzungen, und was drum ist, fröhlich zu genießen." (5.2.1789)

Schiller machte die Schwestern mit der Welt der Antike bekannt. Sie lasen gemeinsam Homer. Charlotte und Caroline übersetzten griechische Literatur und gaben sie Schiller zur Begutachtung. Trotz des häufigen Beisammenseins wechselten sie Briefe, die nicht nur Artigkeiten enthielten, sondern auch reife literarische und philosophische Betrachtungen. Besonders ragt ein Brief heraus, in dem Caroline die Charakterisierung einer Griechin vornahm, um die Schiller für den „Geisterseher" gebeten hatte. „Das Portrait der Griechin daß Sie verlangen, ist nun eben – sehr schwer. Ich kann mir eine liebenswürdige Schönheit nicht recht denken ohn' alle moralische Grazie. Mir dünkt die schlimmen Falten des Innern müßten auch der äußern Gestalt etwas Verschrobenes geben, daß mit der Liebenswürdigkeit streikt. Eigenthümliches und angenommenes in einen Carakter haben wie mirs dünkt sehr sprechende Zeichen. In Mine, Ton, Bewegung und Wendung der Gedancken nimmt man Freiheit und Zwang wahr, und Zwang und Grazie sind wohl streitende Dinge! Imposant, lebend durch ungewöhnliche Regelmäßigkeit der Gesichtszüge und der Figur kann ich mir die Griechin wohl dencken. Einschmeichelnd durch überlegne Gewandheit des Geistes, aber liebenswürdig nicht, ohn' innre Wahrheit und Güte. Wenn ich mir ihr Bild vorstelle, so liegt immer etwas, wie ein finstrer Schleier, um Stirn und Augen, und um Mund und Wangen ist etwas gezwungnes ungraziöses. Aus ihren Stellungen blickt neben aller Hoheit und Reiz doch etwas gemeines hervor, das mir von den Scheinen wollen nicht zu trennen dünckt. Ein schönes Bild daß mich selbst betrügen könnte, kann ich Ihnen also nicht von ihr zeichnen..." (10.2.1789)

Man liest viel Nachdenklichkeit aus Carolines Briefen. Dabei beschäftigte sie sich auch mit Fragestellungen, die damals nicht in den weiblichen Interessenbereich fielen.

In manchen Briefen aber findet man einen so heiteren Ton. Die einander geschenkten Kirschen, Pfirsiche und Weintrauben runden das Bild von einem Sommer ab, der leicht und fröhlich und voll gegenseitiger Gaben war. „Wie ein Blumen- und Fruchtgewinde war das Leben dieses ganzen Sommers mit seinen genußreichen und bildenden Tagen und Stunden für uns alle", erinnert sich Caroline später. Schiller schreibt über diese Zeit: „Der gewöhnliche Weg von Volkstädt um die schöne Ecke herum bey der Brücke, die Berge jenseits der Saale vom Abendroth so schön beleuchtet, Rudolstadt vor mir und von weitem der grüne Pavillon, den mein perspectiv just noch erreichte..." (26.1.1789)

Seinem Freund Christian Gottfried Körner beschrieb er seine Eindrücke von Rudolstadt vorerst so: „Hier habe ich Bekanntschaft gemacht, aber nichts interessantes, doch drückt mich die hiesige Menschenart nicht. Die Prinzen sehe ich oft bei den Lengefelds, der Erbprinz der 20 Jahre ist, hat viel gutes und ist sehr bescheiden. Es ist nehmlich der Erbprinz des Erbprinzen. Der Fürst ist 80 Jahre und der Erbprinz ist bald 50. Der letztere regiert. Das hiesige Land ist so ziemlich gut bestellt, ist fruchtbar und von ziemlichen Umfang. Es wird Weimar wenig nachgeben. Es gibt hier eine Papiermühle und eine stark besetzte Druckerey, die von allen Orten her Arbeit bekommt. Voltaire wird jetzt hier gedruckt werden, und auch englische Schriften glaub ich. Der Preiß ist billiger, weil die Lebensmittel überaus wohlfeil sind. Hier könnte ich um 400 Thaler wie in Dresden um 600 Thaler leben, und noch leichter leben." (5.7.1788)

Als Charlotte den Zirkel für kurze Zeit verließ, um zur Patentante nach Großkochberg zu fahren, erhielt sie täglich Briefe von Schiller, der sie zurücksehnte.

Ein bisschen verstießen die drei mit ihrem kleinen Kreis gegen die Konvention. Chère mère war oft nicht zugegen. Es war nicht schicklich, dass ein junger Mann mit einer verheirateten jungen Frau und deren Schwester so viel allein war. Schiller schrieb darüber auch sehr feinsinnig: „Hätte man uns erst in unserm engern Kreise beobachtet, wo wir drei ohne Zeugen waren – wer hätte dieses zarte Verhältnis begriffen? Jeder beurteilt fremde Handlungsarten nach der seinigen – eine feine schöne Seele gehört dazu, unsre verschiedene Stellung zueinander zu fassen, die ganze Geschichte unserer keimenden und aufblühenden Verbindung untereinander müßte man übersehen haben, und feinen Sinn genug haben diese Erscheinungen in uns auszulegen." (10.2.1790)

Überschaut man den Sommer 1788, erhält man den Eindruck, dass er in etwas einstimmte. Charlotte, Caroline und Schiller lernten einander sehr gut kennen. An eine Verbindung dachte wohl noch niemand, Schiller mit Vorsatz, Charlotte aus Vorsicht und Schüchternheit, Caroline aufgrund ihres Status als verheiratete Frau. Wenn sie einander versicherten, dass ihre gegenseitige Freundschaft dauerhaft werden solle, dann meinten sie es alle ernst. Als

Schiller wieder in Weimar lebte, schrieb er nur noch an Körner so kontinuierlich wie an die beiden Schwestern.

Die Briefe, die er nur an Caroline schrieb, mehrten sich nun. Es waren meist ausführliche, in denen er feinsinnig auf Caroline einging und seine Urteile zu gelesenen Büchern oder Zeitschriften mitteilte. Oft sorgte er sich um ihre Gesundheit. Man spürt aber noch viel Distanz, die in den Briefen an Lotte sehr viel geringer war. Caroline war die Frau, Charlotte das Mädchen.

Zu Jahresbeginn 1789 wurde Schiller in einen Wirbel gezogen, den das Angebot einer Professur an der Jenaer Universität auslöste, das neue Überlegungen und Pläne von ihm forderte. Er wollte, und er wollte nicht. Besonders fürchtete er um den zweiten Sommer in Rudolstadt, der sich nun auf die Semesterpause beschränken würde. Die Schwestern trösteten ihn, obwohl sie selbst den Verzicht schmerzhaft empfanden. Letztlich sind Rudolstadt und Jena nahe beieinanderliegende Städte. Und schließlich hatte Schiller auch in Erwägung gezogen, nach Berlin oder Göttingen zu gehen. Er nahm die Berufung durch Herzog Carl August an, Goethe selbst hatte sich für Schiller verwandt.

Wie nahe Caroline sich ihm inzwischen fühlte, zeigt folgender Brief, den sie im Herbst 1788 an Schiller geschrieben hatte: „Sagen Sie mir, was ist zwischen uns? daß Etwas ist, fühle ich. Ein böser Genius faßt die Laute unsrer Seelen auf und giebt sie unrein zurück, so daß die Harmonie, die sie sonst gaben, nicht mehr vernehmbar ist. Ich kenne den Stolz nicht, der nichts um der Freundschaft willen tragen und thun mag – aber den, sie als die schönste Blüthe des Lebens zu ehren und zu pflegen, den kenne und habe ich. Die Zeit, die alles Unwahre entkleidet, müßte mir zeigen, daß die Blüthe keine Blüthe war, und nur eine Erscheinung in meiner Fantasie geboren, eher kann mein Herz ihr die Wartung nicht entziehn. Sie wissen, ich sagte es Ihnen oft, welch schönen Einfluß Ihre Freundschaft auf mein Leben hat, wie mein Dasein weiter, reicher und wahrer durch die Aufschlüsse Ihrer großen Seele wird – ich kann es nicht dulden, daß sich Wolken zwischen uns zusammenziehen, ich wünsche zu sehr, daß ewige Klarheit zwischen uns sei. Fanden Sie mich einen Moment von Laune verspannt und mißtönend? Sie verstanden es ja sonst wohl, das Bleibende von dem Vergänglichen in meinem Wesen zu scheiden. Ich habe trübe Stunden – ..."

Nicht nur von Nähe zeugt der Brief, auch von Carolines Empfindsamkeit und Verletzlichkeit. Schiller beruhigte sie. Er selbst bat einmal darum, nicht jede Stimmung, die er brieflich mitteilte, so schwer zu nehmen, wie sie aus dem jeweiligen Brief sichtbar würde. Meist sei der Hauch von Trübsinn vermutlich schon verflogen, wenn das Schreiben angekommen ist.

Als Schiller endlich wieder in der Semesterpause 1789 in Rudolstadt eintraf, begannen die schönen Nachmittage und Abende erneut. „Wie wir uns beglückte Geister denken, von denen die Banden der Erde abfallen, und die sich in einem reinern, leichtern Elemente der Freiheit eines vollkommenen Einverständnisses erfreuen, so war uns zu Muth", erinnerte sich Caroline.

Auf ihren gemeinsamen Spaziergängen führte Schiller mit Caroline schöne und kenntnisreiche Gespräche. Immer wieder findet man in den Erinnerungen der Zeitgenossen, wie agil und wandlungsfähig, wie geschickt in der Gesprächsführung und wie geistvoll im Umgang mit ihresgleichen Caroline gewesen sei. Die Leute in Rudolstadt redeten nun über die drei jungen Leute: „Das kleine Fräulein von L. geht immer hinterdrein." Allmählich wurde es ernster. Gegen seinen Vorsatz umwarb Schiller Charlotte. Im zweiten Sommer ihres Zusammenseins hatte sich die gewünschte Ordnung in seinem Kopf eingestellt. Sein erstes historisches Werk, „Geschichte des Abfalls der Vereinigten Niederlande von der spanischen Regierung", war fertig, er hatte in Jena Fuß gefasst. Nur seine Wünsche nach einer Frau und Familie waren noch offen. Es sollte noch immer eine Frau mit Geld sein, aber die ihm vorge-

31

stellten in Weimar und Jena gefielen ihm nicht. Der Umgang mit den Rudolstädter Frauen war ihm liebe Gewohnheit geworden. Am 24. Juli 1789 schrieb Schiller einen nur an Charlotte gerichteten Brief, in dem er ihr mitteilte, wieviel er ihr zu sagen habe und doch nicht reden könne. Es war unter den Schwestern üblich, einander die Briefe zu zeigen. Caroline wird verstanden haben. Sie gab Schiller einen Wink, sich zu erklären. So schrieb er denn auch überglücklich, als Caroline ihm mitteilte, dass Charlotte auf seine Erklärung warte. „Ist es wahr theuerste Lotte? Darf ich hoffen, daß Caroline in Ihrer Seele gelesen hat und aus Ihrem Herzen mir beantwortet hat, was ich mir nicht getraute, zu gestehen?..." (3.8.1789)

Äußerlich waren die Verhältnisse nun geklärt. Schiller und Charlotte galten heimlich als verlobt; weder „chère mère" war eingeweiht worden noch wusste der beste Freund Schillers, Körner, etwas. Aus den Briefen wird aber deutlich, dass Schiller sich daran gewöhnt hatte, in seine Beziehung zu Charlotte Caroline mit hineinzunehmen. „Wir haben einander gefunden, wie wir für einander nur geschaffen gewesen sind. In mir lebt kein Wunsch, den meine Caroline und Lotte nicht unerschöpflich befriedigen können. Und wohl mir, Theuerstes meiner Seele, wenn ihr in mir findet, was euch glücklich machen kann...." (an Caroline, 25.8.1789)

Caroline konnte ihren Verzicht aber nur schwer verwinden. Oft lief sie nun mit verweinten Augen umher. Im Hause war es stiller geworden.

Auch Charlotte musste eine Krise durchleben. Ihre eigentlich arglose Seele begann zu zweifeln, ob sie Schillers ausschließliche Liebe besitze. Gar zu nah war der Umgang mit Caroline geworden trotz der heimlichen Verlobung. Schiller und der Schwester gegenüber schwieg sie. Sie teilte sich Karoline von Dacheröden mit, die ihre Zweifel zerstreute und ihr riet, sich Schiller anzuvertrauen. Charlotte tat es nicht. Sie hatte bald wieder ihr seelisches Gleichgewicht gefunden.

Kurz vor der Hochzeit im November 1789 schrieb Schiller an die Schwestern, was jede ihm bedeute. „Caroline ist mir näher im Alter und darum auch gleicher in der Form unsrer Gefühle und Gedanken. Sie hat mehr Empfindungen in mir zur Sprache gebracht als Du meine Lotte – aber ich wünschte nicht um alles, daß dieses anders wäre, daß Du anders wärest als Du bist. Was Caroline vor Dir voraus hat, mußt Du von mir empfangen; Deine Seele muß sich in meiner Liebe entfalten, und mein Geschöpf mußt Du seyn, Deine Blüthe muß in den Frühling meiner Liebe fallen. Hätten wir uns später gefunden, so hättest Du mir diese schöne Freude weggenommen, Dich für mich aufblühen zu sehen."

In Carolines spätem Roman „Cordelia" findet man eine Situation, die der ähnlich ist, die sie selbst durchleben musste. „Ein liebenswürdiger Fremder erschien in dem Kreise der Freundinnen, und zum ersten Mal fühlte sich Cordelia von einem lebhaftern Interesse, einem unschuldigen Wunsche zu gefallen, erfüllt. Wilhelms Aufmerksamkeit schien geteilt zwischen den zwei liebenswürdigen Kindern, und da sie immer beisammen waren, war es beinah nicht zu unterscheiden, zu welcher sich sein Herz hinneigte. Sie scherzten, wenn sie allein waren, über den Doppelsinn seines Betragens; aber bald fühlte Cordelia, dass ihre Freundin an gewohnter Offenheit und Heiterkeit verlor. Cäcilie war in einer Lage, in der sie eine gute Heirat wünschen musste; die Liebenswürdigkeit des jungen Fremden bewog sie bald, ihn als den guten Genius ihres Lebens anzusehen, dem sie gern seine schönsten Güter verdanken möchte. Ohne alle Herrschaft über ihr Gefühl, gab sie sich einem glühenden Verlangen hin, und Ungewissheit und Zweifel an der Neigung des Geliebten erfüllten ihren sonst so heitern Sinn mit Wehmut und Trauer. Cordelia, im vollen Besitz ihrer heitern Geistestätigkeit, fand sie zerstreut, unempfänglich, endlich verschlossen, beinah kalt. Was ist zwischen uns getreten? meine Cäcilie, rief sie an einem einsamen Abende aus. Haben wir uns nicht Offenheit und Mitteilung unserer Gefühle gelobt? Du hegst etwas im Herzen, was Du mir verbirgst. Der sanfte Ton des Vertrauens und herzlicher Liebe schloß Cäciliens Herz auf; in heißen Tränen warf sie sich in die Arme ihrer Freundin. O, du Teure! Ich bin Deiner nicht wert; ich mißgönne Dir Wilhelms Liebe. Nein, das nicht; aber ich vergehe vor Schmerz, daß ich sie nicht besitze. Doch, liebe ihn, und sei glücklich! Ist es nur Das, was mir Dein Herz zu verschließen drohte?, erwiderte Cordelia mit himmlischer Ruhe und Milde. Liebenswürdig finde ich Wilhelm, liebenswürdiger als alle jungen Männer unseres Kreises; aber kein Wunsch ihn zu besitzen keimte noch in meinem Herzen; und wär es so, glaubst Du denn, ich könnte glücklich sein durch das Opfer meiner Freundin? Er ist Deiner wert, laß uns seine Neigung prüfen; besitzest Du sie nicht ausschließend, so soll er der Deine nicht werden; der Meine wird er nimmer mehr."

Das Leben aber war viel härter. Charlotte und auch Schiller werden nicht erfahren haben, wie schwer Caroline der Verzicht auf ein Leben mit Schiller gefallen ist, wie sehr sie aber auch entstandene Missklänge zwischen ihr und Schiller schmerzten. Ihrer engsten Freundin, Karoline von Dacheröden, die das Glück hatte, mit einem von ihr geliebten Mann, Wilhelm von Humboldt, verlobt zu sein, vertraute sich Caroline nach Schillers und Charlottes Hochzeit an, die im Februar 1790 bei Jena stattgefunden hatte, nachdem endlich auch chère mère eingeweiht worden war und ihre Zustimmung gegeben hatte: „Kein alter Ton erklingt unter uns, ich verhüte es, und er sucht es nicht – die himmlische Freiheit ist entflohen!"

Wilhelm von Humboldt versuchte, Caroline zu trösten. Aber es ist schon bitter, Bündnisse gestiftet zu haben, ohne selbst in einer glücklichen Beziehung leben zu können.

Ein Brief der Karoline von Dacheröden an Humboldt fasst das Ende des Dreierbundes zwischen Charlotte, Caroline und Schiller zusammen. „Über Schiller wollt ich lang schon schreiben und kam immer nicht dazu. Du glaubst kaum, wie geändert er ist. In sich mag er ruhiger, vielleicht in einem gewissen Sinne glücklicher sein, doch konnt ich über einige Dinge nicht mit ihm reden, ohne schmerzlich bewegt zu werden, so z. B. über das Verhältnis von Lili zu Dalberg. Er sprach darüber, als ob sie etwas tun könnte oder tun müßte, um eine gleichmütigere Ruhe in sich zu erhalten, ich fühlte, daß einige Saiten in ihm nicht mehr tönten, –. Über alle Ideen hoher, einziger Liebe fühlte ich ihn herabgestimmt – seine ganze Seele lebte in andern Gestalten, er war in jenen eigentlich fremd geworden, und wenn er Momente lang tiefer in mein Herz sah, als ich es wollte, so fühlte ich an ihm, an seinem Lächeln, seinem Händedruck, daß er diese Erscheinungen holde, freundliche Traumgestalten nannte. Er sprach einmal mit mir von Lottgen und seiner Art, mit ihr zu leben, so recht im Ton der Ruhe, nicht der Resignation. Er sagte sogar, wie er sich überzeugt hätte, daß er mit Carolinen nicht so glücklich gelebt haben würde wie mit Lottgen, sie würden einer an den andern zu viele Forderungen gemacht haben, und mit einem Wort, ich fühlte, dass sein Herz keinen Wunsch mehr macht, den Lottgen nicht erfüllen könnte. Lottgen selbst ist mehr geworden. Ihre Empfindungen haben an Innigkeit gewonnen, ihr Wesen tönt in einem volleren Klang." (10.2.1791)

Der einfühlsamen Freundin teilte Caroline von Beulwitz später ihre Gedanken mit, die ihr in der Not Halt sein sollten: „Ich fühle ihn einsam, denn so innig gut Lotte ist, so ists doch ein toder Umgang – aber uns ist izt auch nichts weniger als wohl zusammen – und ich besuch ihn erst, wenn ihr kommt. Torheit ists das Vergangne nicht vergangen sein zu lassen, aber ich fürchte, der Samen alles Unheils für Schiller liegt doch darin, und die Welt der Empfindung ist ihm für immer verstummt. Dieser feine tiefe Sinn für Wahrheit der Empfindung fehlt auch seinen Kunstwerken – immer sind diese Töne überspannt, frappieren mehr, als sie still rühren. Und so ist auch seine Liebe gewesen, daher erkläre ich mir das Verstummen meines Herzens." (1792) Hier hat sich ein seltenes Zeugnis erhalten,

Charlotte Schiller, 1794

Friedrich Schiller, 1793

nach dem nicht nur Rücksicht Caroline beim Verzicht geleitet hatte.

Schiller äußerte sich wenig zu dem Konflikt. An Körner schrieb er nach der Hochzeit, dass für ihn nun ein glückliches Leben begonnen habe und Charlottes Wesen ihm wohl tue. „Was für ein schönes Leben führe ich jetzt. Ich sehe mit fröhlichem Geist um mich her, und Mein Herz findet eine Immerwährende sanfte Befriedigung außer sich, mein Geist eine so schöne Nahrung und Erhohlung. Mein Dasein ist in eine harmonische Gleichheit gerückt; nicht leidenschaftlich gespannt aber ruhig und hell giengen mir diese Tage dahin..." (1.3.1790)

Neue Kontakte

Nach der Hochzeit Schillers und Charlottes zog Caroline, nachdem sie tatsächlich einige Zeit in Jena in der Nähe des jungen Ehepaares gelebt hatte, wieder nach Rudolstadt, und zwar in Charlottes Zimmer. Über ihren Mann schrieb sie in dieser Zeit an die Schwester: „O. lebt ganz dem Bacchus und ist glücklich in dieser Stimmung, daß sein Leben ordentlich eine Satire gegen Minerva abgeben könnte. Ich sehe ihn fast gar nicht." (Dezember 1790)

Die Mutter lebte seit einiger Zeit als Erzieherin der Prinzessinnen am Rudolstädter Hof. Von Beulwitz reiste viel, was Caroline lieb war. Sie musste sich nun auf andere Kontakte besinnen, so zum Beispiel auf die bereits geknüpften Beziehungen zum Tugendbund der Henriette Herz.

Diese war nur eineinhalb Jahre jünger als Caroline. Sie lebte in Berlin, war Jüdin und von Kindheit an mit den anderen berühmten Berliner Frauen wie Dorothea Veit und Rahel Levin befreundet. Schon mit dreizehn Jahren war Henriette Lemos an den Arzt Marcus Herz verheiratet worden. Ihr langes Leben – sie wurde wie Caroline fast 84 Jahre alt – verbrachte sie meist wohlhabend und ganz einer

Henriette Herz

Karoline von Humboldt

Wilhelm Karl Freiherr von Humboldt

geistvollen Geselligkeit verpflichtet. Ihr Salon war einer der berühmtesten in Berlin.

1787, noch sehr jung, hatten Henriette Herz und Karl von La Roche, der Sohn der Sophie von La Roche, einen Tugendbund gegründet, dem auch die Schwester Henriettes, Brenna, die Freundin Dorothea Veit und deren Schwester sowie Wilhelm von Humboldt, Karl Theodor von Dalberg und Karoline von Dacheröden angehörten.

Karl von La Roche hatte Caroline von Beulwitz auf Wunsch von Karoline von Dacheröden in Rudolstadt kennengelernt und für würdig befunden, in den Tugendbund aufgenommen zu werden. Am 4. oder 5. Januar 1789 war auch Wilhelm von Humboldt nach Rudolstadt gereist, um sich selbst ein Bild zu machen und Caroline als korrespondierendes Mitglied zu werben. Sie sträubte sich anfangs, sie wollte sich keinen Statuten unterordnen, die sie als Mitglied des Tugendbundes hätte anerkennen müssen. Humboldt zerstreute ihre Bedenken in einem Brief vom 23. Januar 1789. „Du hast mir die Verbindung von Seiten gezeigt, von welchen wir sonst weniger gewohnt waren sie anzusehen. Wie wichtig ist nicht schon z. B. der Gesichtspunkt, daß durch eine solche Vereinigung die Freiheit, und gerade in den wichtigsten Angelegenheiten des Menschen eingeschränkt werden könnte. Jedes neue Verhältnis kostet eine Aufopferung eines Theils unserer Freiheit. Betrifft aber diese Aufopferung nur äußere Handlungen, so kauft man gern damit höhere Vortheile. Betrifft sie aber unser Denken, oder gar unser Empfinden, werden wir darin gehemmt, oder gegen unsren Willen nach Einer Richtung gelenkt, so ist kein Vortheil so groß, der diesen Verlust aufwägen könnte. Denn die Freiheit, die wir dann verlieren, ist unabläßliche Bedingung aller Bildung und aller Vollkommenheit. Daher muß auch, dünkt mich, die Verbindung nie einen ganz eignen, bestimmten Charakter haben. Vielmehr ist Verschiedenheit der Charaktere gut, weil sie eine gleichmäßigere Ausbildung aller Kräfte befördert. Immer wird uns doch gegenseitige Liebe, immer

Interesse an dem gemeinschaftlichen Zwecke verbinden...“

Alle Tugendbundmitglieder gebrauchten das vertrauliche Du im Umgang miteinander und hatten die Pflicht, ihre geheimsten Gedanken und Empfindungen brieflich oder im Gespräch mitzuteilen. Vervollkommnung durch tätige Hilfe war das große Ziel dieser Gemeinschaft. Äußere Zeichen der Verbindung waren ein Zirkel und ein Ring.

Es ist nicht uninteressant, einmal zu verfolgen, wie sich Beziehungen in der damaligen Zeit gestaltet haben. Karoline von Dacheröden hatte sich in Karl von La Roche und später in Wilhelm von Humboldt verliebt, wie beide auch in sie. Karl von La Roche seinerseits umwarb Karoline von Dacheröden und Henriette Herz. Humboldt umschwärmte erst Henriette Herz, dann Therese Heyne (später Forster) und schließlich Karoline von Dacheröden. Nun kam noch Caroline von Beulwitz mit ihrer komplizierten Seelenlage hinzu. Neben dem Wunsch nach einem sinnvollen Sein werden auch diese Verhältnisse in den Gesprächen und Briefen eine Rolle gespielt haben.

Noch eine weitere Freundschaft Carolines ist an die frühen neunziger Jahre gebunden, die sie von ihrem Schmerz um die Trennung von Schiller und letztlich auch von Charlotte ablenkte. Caroline schloss sich an Carl Theodor von Dalberg an, dessen freundlicher Umgang, künstlerisches Verständnis, Gesprächskultur und Bildung ihn zu einem angenehmen Partner werden ließen. Dalberg, der Bruder des Mannheimer Theaterdirektors, mit dem Schiller kurze Zeit zusammengearbeitet hatte, war als Priester Statthalter des Mainzer Erzbischofs in Erfurt mit großen Hoffnungen auf eine glanzvolle Karriere als Erzbischof von Mainz. Seine Ernennung zögerte sich hinaus, was auch für Schiller Konsequenzen in Bezug auf Unterstützung seitens Dalberg hatte. Der Dichter und die Lengefelds waren gerngesehene Gäste im geselligen Kreis des Koadjutors, und Caroline entfaltete eine schwärmerische Neigung für Dalberg, die so nicht erwidert wurde. Aber Achtung und Freundschaft kamen ihr beständig entgegen. Auch diese ins Leere gehende Liebe muss sie viel gekostet haben. Dalberg sympathisierte mit Napoleon, der ihn 1806 zum Fürstprimas erhob und an die Spitze des Rheinbundes stellte. Nach Napoleons Sturz 1813 wurde Dalberg seiner weltlichen Ämter enthoben und viel Hohn und Schimpf über ihn ausgegossen. Caroline aber hielt ihm die Treue, betonte später immer wieder seine herausragenden menschlichen Eigenschaften und pflegte mit ihm einen lebenslangen Briefwechsel.

Die Krisen haben Caroline reifen lassen. Sie lernte, sich zurückzunehmen, eine Haltung, die sie immer wieder übte, die ihr Leben schwer machte, sie aber nie zerbrechen ließ. Ihre Lösung von der Mutter, von Beulwitz, von der Schwester und schließlich von Schiller und von Dalberg gaben ihr innere Freiheit. Sie war stärker und souveräner geworden.

Das Jahr 1794

Es gibt eine Zäsur in Carolines Leben, die man an einer Jahreszahl festmachen kann: Das Jahr 1794.

Einen Teil dieser für sie wichtigen Zeit verbrachte sie in Württemberg. Schiller war im Sommer 1793 mit seiner Frau in die Heimat gereist, Charlotte stand kurz vor ihrer ersten Entbindung. Nun suchte Caroline wieder das Zusammensein mit diesen ihr lieben Menschen. Außerdem reiste sie mit Ulrike von Beulwitz, ihrer Schwägerin, zu Aufenthalten in Bäder, um einem nervösen Leiden, das sie seit ihrer Schweizreise plagte, Abhilfe oder Linderung zu verschaffen.

Von Schwaben aus wollte sie endlich die Scheidung durchsetzen. Das war ein Schritt, den sie allein tun musste, zu dem Mut gehörte, denn mit ihm trat sie ein Stück aus ihrer geordneten Welt heraus. Es war aber nicht allein ihre eigene Sehnsucht, endlich frei zu werden, sie dachte auch an die Interessen ihres Mannes. Sie wollte sich lieber mit

Beulwitz „in Ansehung der Finanzen arrangieren, als ihn ferner getäuschten Hoffnungen überlassen." (Winter 1792) Auch ihre zunehmende seelische Verstimmung trieb sie zur Trennung. Im Hintergrund wusste sie einen Mann, der sie heiraten wollte.

Obwohl Caroline versuchte, die geplante Scheidung so unauffällig wie möglich vollziehen zu lassen, war die Familie beteiligt. Charlotte hieß den Schritt der Schwester trotz aller Sorgen, die sie sich um die Gesundheit Carolines und um deren Wohlergehen machte, nicht gut. Im Familienkreis wurde Charlotte die „Dezenz" genannt, weil sie so besorgt und ängstlich auf Anstand und gute Sitte achtete. Von Caroline ist ein Brief an Charlotte mit scharfen Tönen gegen die Schwester erhalten. Er war bereits 1792 geschrieben worden und macht deutlich, wie lange und sorgfältig Caroline über ihren bedeutsamen Schritt nachgedacht hatte. „Liebe Lolo! Ich bitte dich, höre auf dich und mich mit Bedenklichkeiten zu plagen, über die wir ja schon hundertmal gesprochen haben. Mir kann Niemand helfen als ich selbst; und du wirst mir doch hoffentlich den Verstand zutrauen, daß ich bei allen Arrangements, sie mögen ausfallen wie sie wollen, dahin sehen werde, daß du nichts von deinen Revenuen (Renten – C. T.) verlierst, da ich weiß, wie nöthig du sie brauchst. – Es ruht ja Alles darauf, daß ich vom B. (Beulwitz – C. T.) so viel erhalte, um für mich leben zu können, – Wenn die chère mère auch nur 500 Thlr. mit der Pension hat, und ich 300 Thlr. vom O., so könnte sie dir 200 Thlr. geben und wir hätten 600 Thlr., von denen sich gut leben läßt. – Vor dem Nichts haben werde ich mich sicher hüten, denn für eine Frau ist's das größte Unglück. – und da ich jetzt empfindlich und übellaunig werde und meiner Distraktionen und großen Liebe zur Freiheit wegen oft selbst unleidlich bin, so werde ich bei jedem Arrangement darauf sehen, immer eine Retirade zu haben, wo ich ganz ungestört bleiben kann. – Klüger könnte es vielleicht sein, es ferner so fortzuziehen mit O., aber besser ist es nicht."

Verständnisvoller verhielt sich chère mère, die vor allem das Glück ihrer Tochter im Auge hatte. Sie wollte jedoch über das ganze Vorkommnis nicht mehr sprechen.

Schiller trat ganz auf die Seite des Ehemannes. Er schrieb ihm im Januar 1794 von Ludwigsburg aus: „Gerne hätte ich mich schon längst mit Ihnen über Ihr Verhältniß mit Carolinen besprochen, aber meine eigne üble Gesundheit machte, daß ich diese fatale Materie soviel möglich aus meiner Erinnerung zu verbannen suchte, und es ist überhaupt schwer für einen Dritten, darüber einen Ausspruch zu thun. Sie wollen aber, mein theurer Freund, meine Meinung davon wissen, und ich schreibe sie Ihnen mit aller Aufrichtigkeit, die ich unsrer Freundschaft schuldig zu seyn glaube.

Meine Meinung ist also diese, daß ich in Ihrer Lage alle Hofnung auf eine Wiederherstellung des vorigen Verhältnißes mit Carolinen aufgeben, und mich zu einer Scheidung entschließen würde. Nach den Erklärungen die einmal geschehen sind, kann dasjenige gute Vernehmen gar nicht mehr gehofft werden, welches zu einer häußlichen Verbindung schlechterdings unentbehrlich ist. Wenn ich die Trennung auch nicht Carolinens wegen wünschen könnte, so muß ich sie nothwendig um Ihretwillen wünschen, und ich begreife gar nicht, warum Sie das Glück Ihrer Lage von den Phantasien einer kränklichen Frau abhängen lassen sollen. Ihre Convenienz ist, eine angenehme Existenz im Hause und Kinder zu haben, weil Sie ohne Kinder doch nie in den völligen Besitz Ihres väterlichen Vermögens treten können. Alle Ihre übrigen Umstände sind so, daß Sie ganz gewiß eine recht vortheilhafte Parthie treffen können, und wenn Sie meinem Rathe folgen (der gewiß auch der Rath aller derer ist, die es gut mit Ihnen meinen) so stehe ich dafür, daß Sie es uns in wenigen Jahren recht aufrichtig danken werden. Was die Abfindung mit Carolinen anbetrift, so glaube ich, daß sich Caroline Ihrer Billigkeit allein überlaßen muß und daß sie auch nichts dabey wagen wird. Daß Sie ihr, der Scheidung selbst wegen, nichts herauszugeben verbunden sind, versteht sich ohnehin. Nur in dem einzigen Falle, wenn während Ihrer Heurath von der Mama größere Auslagen gemacht worden wären, als Carolinens Antheil beträgt, so denke ich, daß Sie diesen Ueberschuß, oder (wenn er sich nicht gut berechnen ließe) ein Aequivalent zurückgeben können. Denn da diese Auslagen, auf die Aussicht Ihrer künftigen Einnahmen gemacht worden wären, so wäre es ein Verlust für Carolinen, sie ganz einzubüßen, da sie sich durch die Scheidung alles Antheils an der künftigen Verbeßerung Ihrer Einnahmen begiebt. Diese Summe hätten Sie aber an die Mama und nicht an Carolinen zu erstatten, denn die Mama ist ja völlig Meisterin ihres Vermögens, und keins ihrer Kinder kann ein eigentliches Recht daran geltend machen. Ich sage bloß, was ich glaube, das Sie zu Ihrer eigenen Satisfaction zu thun hätten, und was Sie überhaupt so gut wißen als ich selbst. Mir däucht, daß die Summe, welche Caroline anlangt, nicht übertrieben ist (300 Taler – C.T.), und sie ist es um so weniger, da Sie damit Ihre Freiheit erkaufen.

Laßen Sie also, liebster Freund, die Sachen in Gottes Nahmen ihren Gang gehen, da sie, wie mich alles überzeugt, nicht mehr zu ändern sind. Es ist gewiß das beßte, ein Verhältniß ganz aufzugeben, das so wenig Bestand in sich hat, und eine Quelle sovieler Verdrüßlichkeiten ist.

Daß die Aufhebung deßelben auf unser beider Freundschaft keinen Einfluß haben werde, das hoffe ich von Ihrer Seite mit Zuversicht, und von der meinigen bin ich bereit es Ihnen zu jeder Zeit und in jeder Lage meines Lebens zu beweisen. Ganz der Ihrige FrSchiller." (21.1.1794)

Der Brief wurde hier in seiner vollen Länge zitiert, da er ein beredtes Zeugnis der Sitten des 18. Jahrhunderts ist und dokumentiert, in welch benachteiligter Stellung die Frau lebte und wie sehr Schiller auch Sohn seiner Zeit war.

Caroline musste noch zwei Ereignisse verkraften, die sie aufwühlten und ihr sehr reizbares Gemüt in starke Schwingungen versetzten. Zum einen war es die Geburt des ersten Sohnes der Schillers in Schillers Heimat Ludwigsburg, zum anderen eine Liebe, die ihr begegnet war, obwohl sie doch schon Pläne für die Zukunft gefasst hatte. Der Livländer Gustav Behaghel von Adlerskron war 1788 in Erbschaftsangelegenheiten nach Deutschland gereist. 1789 studierte er in Jena und wurde mit Schiller, dessen Frau und Caroline bekannt. 1793 reiste er Caroline nach Schwaben nach. In dieser Zeit muss es zu einer erotischen Beziehung zwischen ihnen gekommen sein. Erhalten geblieben sind die jeweiligen Abschiedsbriefe, die von großer Nähe und dem Schmerz um die Trennung zeugen. „Nicht ohne innige Rührung sah ich den Morgen dieses Tages anbrechen – Ach vor einem Jahr, wie voll Leben und Hoffnung war mein Herz! Wie wunderbar traf alles zusammen, und welcher Zufall schenkte mir noch das Glück an Deinem Herzen. Abergläubisch nahm ich das Pfand des Glückes an und hoffte eine schöne Zukunft. O wie hat es mich getäuscht! Deine Güte, Deine Grazie steht vor meiner Seele – und ewig ist mein Sehnen danach", schrieb Caroline.

Es blieb also bei der Entscheidung für Wilhelm von Wolzogen. Mit ihrer Liebe zu Schiller oder der Schwärmerei für Dalberg war das Gefühl, das sie für Wolzogen hegte, nicht zu vergleichen. Aber er bot ihr Sicherheit und Harmonie.

Ende März 1794 reisten Caroline und ihr künftiger Mann in die Schweiz. Carolines vorherige Beziehung zu Adlerskron hatte zu einer Schwangerschaft geführt. In einem Brief hatte sich Wolzogen bei dem Schweizer Offizier und Dichter Salis-Seeweis erkundigt, ob er und seine künftige Frau unerkannt am Bestimmungsort leben könnten und ob es dort einen erfahrenen „Accoucheur" (Geburtshelfer) gebe, der eine Abtreibung vornehmen könne. Seinen Freund Schiller hatte er gebeten, ihm Nachrichten, die Carolines Scheidung betrafen, über den Rudolstädter Oberforstmeister Schönfeld zukommen zu lassen. Im selben Brief an Schiller heißt es: „Adieu lieber Schiller! An Mut und Entschlossenheit fehlt es mir nicht; gebe der

48

Himmel, daß es der Frau nicht an Gesundheit fehlt!" (März 1794).

Schillers kehrten im Mai 1794 nach Jena zurück. Dort hatten sich inzwischen Karoline und Wilhelm von Humboldt niedergelassen. Sie wohnten am Markt, in unmittelbarer Nachbarschaft Schillers. Karoline von Humboldt hatte soeben einen Sohn geboren, ihr zweites Kind.

Kurz vor dem Vollzug ihrer Scheidung kehrte auch Caroline in die Heimat zurück und wohnte zeitweise bei den Humboldts in Jena. In Wilhelm von Humboldts Tagebuch aus dem Jahr 1794 steht am 8. Juli: „den Abend kam Caroline und Wollzogen, waren wir zu Wagen im Rauhtal."

Auch in Rudolstadt ist sie in diesen Tagen gewesen. Lotte, die bei der Mutter zu Gast war, berichtete es ihrem Mann nach Jena: „Die Frau ist hier, als wäre nichts vorgefallen und spaßt über die Scheidung..." Diese wurde endlich im Juli 1794 ausgesprochen. Begleitet von Humboldt, fuhr Caroline dann nach Bauerbach, wo am 27. September die Trauung mit Wolzogen stattfand.

Eine Merkwürdigkeit bleibt ihre eigene Bewertung ihrer raschen Wiederverheiratung. Immer wieder kann man in Carolines Schriften den Wunsch nach Unabhängigkeit lesen. Er passte auch zu ihrer Persönlichkeit, denn so sehr sie eingebunden war in die Traditionen der Zeit, so sehr vermochte sie doch, ihre Angelegenheiten selbst zu regeln und aus eigener Einsicht, nicht gezwungenermaßen, den Forderungen der Umwelt nachzukommen oder aber ihnen zu widerstehen. In ihrer Biografie „Schillers Leben" schrieb sie, dass sie 1797 erneut heiratete, wirklich tat sie das aber 1794. Zwischen Scheidung und erneuter Hochzeit lagen zwei Monate.

Schiller schrieb an seine Eltern: „Sie werden nun wohl wißen, daß Wolzogen mein Schwager geworden ist. Ich wollte Ihnen nicht früher von dieser Sache schreiben, theils weil ich immer noch gehofft hatte, sie rückgängig zu machen, theils weil sie mir in sovielem Betracht fatal ist. Nun ist es geschehen und ich schlage sie mir aus dem Sinn so gut ich kann. Diese zwey Leute schicken sich gar nicht zusammen, und können einander nicht glücklich machen. Aber wem nicht zu raten ist, dem ist nicht zu helfen. Ich bekümmere mich nichts mehr darum. Diese Geschichte hat meine Schwägerin und mich ziemlich gegeneinander erkältet, und Sie werden Sich daher nicht wundern, wenn sie Ihnen wenig Freundschaft bezeugt." (21.11.1794)

Warum die Wiederverheiratung so frostig aufgenommen wurde, ist eigentlich wenig verständlich. Wolzogen war von Adel, hatte eine hoffnungsvolle Zukunft vor sich, die allerdings zum Zeitpunkt der Hochzeit noch nicht klar umrissen war, und war der Familie gut vertraut. Chère mère und Schillers billigten nicht die Eile, vielleicht auch nicht die nahe Verwandtschaft. Außerdem traute man Caroline die Fähigkeit zu einer beständigen Bindung nicht mehr zu. Oft wurde sie für ihren egozentrischen Charakter getadelt. Schiller mag sich auch ganz persönlich getroffen gefühlt haben. So distanziert er sich Caroline gegenüber zeitweise verhielt, so blieb doch bis zu seinem Lebensende sein Interesse für sie wach.

Leben mit Wilhelm von Wolzogen

Caroline führte mit Wilhelm von Wolzogen seit ihrer beider Jugend einen Briefwechsel, der ab 1792 leidenschaftlichere Züge annahm. Wolzogen war nur ein Jahr älter als Caroline. Ihre Bemühungen um eine Scheidung von Beulwitz waren zunehmend begleitet von Hoffnungen auf eine neue Ehe mit dem Freund. Vom August 1792 ist ein Brief an ihn erhalten: „Lieber Guter bleibe mir gut – die einzige beseligende Kraft für Menschen und Götter ist Liebe – mein Herz schwillt zu neuem Leben auf in dem Gefühl des Deinen – wären wir nur erst so weit, uns für lange ungetrennt zu wissen, mein Herz würde leichter und fröhlicher schlagen und den Druck aller heterogenen Dinge um mich her weniger empfinden, in der Nähe und der zarten Pflege eines so lieben treuen Freundes, als mein Wilhelm mir ist! Ich glaube an die gute Vorsicht, daß meine Gesundheit bis dahin halten wird, – Adieu, Liebster, ich umarme dich herzlich... Adieu Guter, Lieber. Behalte mich lieb. Ewig Dein."

Ihr Streben nach Selbstständigkeit hatte Grenzen, die man ihrer Klugheit zugute halten kann. Als endlich ihre Pläne aufgegangen waren, als sie geschieden und neu verheiratet war, konnte sie sich in Bauerbach erholen. Sie hatte extreme Erlebnisse hinter sich, die ihr reizbares Gemüt schwer belastet hatten. Hoffnungen hatten in rascher Folge mit Enttäuschungen, vor allem gebunden an Männer, gewechselt, bis ihr Leben nun endlich in ruhigerer Bahn verlief. Die Ehe mit Wolzogen war allerdings vorerst auch ein Wagnis. Er suchte noch nach Ort und angemessener Stellung. Caroline erhielt wieder Gelegenheit, ihrer Neigung zum Pläneschmieden nachzugeben.

Sie begann 1794 mit der Niederschrift ihres Romans „Agnes von Lilien". In der Ruhe des Schreibens und Gestaltens in einer Welt, die ihr vertrauter war als die der herben Enttäuschungen, wird sie sich aufgerichtet haben. Die Geschichte einer jungen Frau, die so ganz den Idealen entsprach, nach denen Caroline sich sehnte, gab ihr nach den einschneidenden Erlebnissen den notwendigen Halt.

Die Zeit der Erholung wurde durch Reisen in die Schweiz und in umliegende Gegenden bereichert. Lange hielt es sie nie an einem Ort. In erster Linie wollte sie ihre Sehnsucht nach künstlerischen Erlebnissen wie Malerei und Plastik, auch dem Anschauen schöner Landschaften befriedigen.

Am 10. September 1795 wurde ihr einziger Sohn, Adolf, in Stein am Rhein geboren und getauft. An ihn schrieb Caroline 1812 über die Zeit in Bauerbach: „Ich lebte schöne Tage hier mit Deinem Vater, mein Adolf, und mir, der Einsamen und Verlassenen, bleibt das Andenken an sie heilig... Meine ganz zerrüttete Gesundheit erholte sich in Ruhe und Liebe. Du wurdest geboren, und ich sah in Dir ein neues und schöneres Leben."

Wilhelm Freiherr von Wolzogen

Nach einiger Zeit trat sie wieder ins gesellschaftliche Leben. 1797 zog sie mit Wilhelm von Wolzogen nach Weimar, nachdem dieser als Kammerrat, später Oberhofmeister an den dortigen Hof berufen worden war. In der Residenzstadt öffnete sie ihr Haus (Am Burgplatz 5) und empfing die geistige Elite der beiden Städte Weimar und Jena in ihrem Salon.

Wilhelm von Humboldt äußerte sich über das neue Domizil gegenüber seiner Frau: „Wolzogens Haus ist zwar klein, wird sich aber hübsch einrichten lassen und hat eine gute freie Lage. Am meisten ist mir aufgefallen, daß ich gleich beim Hereintreten ein noch dazu nicht sonderlich gut gemaltes Bild von Wolzogen ins Auge bekam. Was doch die Leute für eine Wut haben, sich zu verdoppeln." (3.4.1797)

Die Wohnung war nahe dem Schloss und dem Ilmpark gelegen. Ihren Umzug nutzte Caroline, um auch Schiller wieder häufiger zu sehen. So reiste sie bereits im Mai 1797 mit Adolf nach Jena. Während der Dichter schon in seinem gerade erworbenen Gartenhaus wohnte, lebte sie einige Zeit in Schillers Winterquartier im Griesbachschen Haus. Nur einige Straßen trennten sie vom Gartenhaus, das vor den Toren südlich der Stadt gelegen war. Schiller hatte es seiner Gesundheit und der Kinder wegen gekauft. Adolf hing sehr an den nahezu gleichaltrigen Schillersöhnen Carl und Ernst und wird mit Caroline häufig im Garten gewesen sein.

Auch Goethe traf hier oft mit Caroline zusammen. Man lebte in Jena ein sehr anderes Leben, ungezwungener und eher der Wissenschaft verpflichtet als der Hofetikette. Goethe weilte gern unter den Universitätsprofessoren und anderen gelehrten Persönlichkeiten, die sich in Jena in großer Zahl niedergelassen hatten. Zu Schiller, Charlotte und Caroline hatte er ein vertrautes Verhältnis. Caroline verfolgte ihr Leben lang Goethes Schaffen und legte ihrerseits großen Wert auf sein Urteil. Später schrieb sie einmal über ihre Eindrücke zu den „Wahlverwandtschaften" an die Schwester: „Ich habe dieser Tage ganz in dem Roman gelebt und will ihm selbst darüber schreiben, sobald ich einige Ruhe habe, um mein Inneres auszusprechen. Es hat mich unaussprechlich ergriffen und mir meine eigene Natur wieder vereint und in allen Tiefen aufgeschlossen. Wie können die Menschen an so etwas meistern und tadeln, was ewig wahr ist, wie die Ansprüche der Natur selbst! Sage ihm für jetzt nur, daß er mir wieder auf's Neue durchaus wundervoll und lieb geworden." (Wiesbaden, 16.11.1809)

In ihren mittleren Jahren begann für Caroline eine neue Zeit. Sie konnte nun die Früchte ihres stets aufsaugenden, an allem Schönen interessierten Lebens ernten. Wolzogens häufige Reisen nutzte sie für sich, indem sie ihm häufig mit Adolf nachreiste oder aber eigene Wege ging, was der Ehemann beförderte. Wolzogen war 1799 die komplizierte und delikate Aufgabe übertragen worden, am russischen Hof um die Hand der Prinzessin Maria Pawlowna für den Weimarer Erbprinzen Carl Friedrich anzuhalten. Nach einigen Jahren, 1804, fand die Hochzeit statt. Hier verbanden sich dynastische Interessen mit dem glücklichen Umstand, durch Heirat dem kleinen Fürstentum große Schätze eingebracht und dem Prinzen eine sehr schöne junge Frau geworben zu haben, die später einmal engagiert für die Wohltätigkeit ihrer Untertanen sorgen würde.

Caroline traf auf ihren Reisen alte Freunde wieder und schloss unzählige neue Bekanntschaften. Zu den für sie wichtigsten Menschen gehörten Karl Theodor von Dalberg, Graf Gustav von Schlabrendorf, den sie in Paris kennenlernte und der auch mit ihrer Freundin Karoline befreundet war, ebenso Jean Paul und Madame de Staël.

Den Sommer 1802 verlebte sie in Paris, wohin sie offensichtlich gegen die öffentliche Meinung gereist war. Wolzogen führte den Erbprinzen in die große Welt ein. Caroline hatte in Weimar ein besonderes Interesse für den Prinzen gezeigt, was bekannt geworden war. Es hätte sich geschickt, zu Hause zu bleiben. An Charlotte schrieb sie: „Ich sehe den Prinzen nicht, also bis dahin sage du aller Welt, ich wäre in einem Bad am Rhein, oder in der Schweiz, wenn man nach mir fragt." (5.6.1802) Sie genoss die herrliche Stadt, die schöne Architektur, die großen Plätze; besah sich mit geschultem Blick die Pariser Kunstwerke. „Die Bilder und Statuen sehe ich täglich mit geschlossenen Augen und finde immer dort alle Harmonie wieder, die mir das Leben nimmt. Ich sehe sie doch lang genug, um sie lebendig in meiner Einbildungskraft wieder zurückführen zu können. Ich fühle den Stoff in meinem Gemüth und bin unendlich angewachsen seit meinem hiesigen Aufenthalt, und in einem ruhigen Leben werden sich die Formen, in denen er sich darstellen muß, schon ausbilden." (An Charlotte, Paris, 15.8.1802)

Nach solchen Reisen fiel es ihr meist schwer, in das kleine Weimar, in die Enge, zurückzukehren. In der Welt erhielt sie neue Begriffe von sich selbst. Sie teilte Charlotte mit: „... es ist ein wahres Bildungsmittel für die Phantasie, und ich habe schon drei sehr ausgeführte Romanenplane gemacht, daran ich den nächsten Winter schreiben werde." (Paris, 6.8.1802) Und später: „Paris hat mir unendlich neue und vielfache Ansichten gegeben, und mir ist, als wäre ich wieder muthig und stark und frei, wie man sich in der ersten Jugend träumt." (Stuttgart, 1.10.1802)

Immer wieder zog es sie auch nach Schwaben, wo sie unter den alten Freunden Schillers Bekanntschaften geschlossen hatte. Sie schmiedete Pläne, sich dort anzusiedeln und die chère mère in den Süden zu holen, konnte sich aber nicht entschließen, so weit von der Schillerfamilie entfernt zu leben. In Stuttgart traf sie 1803 Familie Huber. Ferdinand Huber war ein einstiger Freund Schillers, Therese, gesch. Forster, war eine Göttinger Jugendfreundin von Caroline Schlegel, geb. Michaelis, und eine bekannte Schriftstellerin. „Hubers sah ich letzt von ungefähr bei einem Gemäldecabinet; sie waren schrecklich embassiert mit mir, und ich bin nun gewiß, daß er die Sottisen gegen mich im „Genius der Zeit" geschrieben. Er soll ganz unter dem Pantoffel stehen; sie ist von der fürchterlichsten Höflichkeit und sieht im Genre der Madame Schlegel aus. –

Bei Uexhüll haben Hubers aber mit mir zusammenkommen wollen; ich bin neugierig, sie mehr zu sehen. Er fragt nicht nach Schiller. Mit dem Aufsatz im Almanach hat er sich wohl wieder nähern wollen; sie müssen sich bald die Finger abschreiben, um zu leben." – Gar keine Gnade vor ihren Augen fand das Ehepaar Friedrich und Dorothea Schlegel. Die alten Feindschaften aus der Jenaer Zeit hielt sie frisch und wandte sich in Paris von beiden ab, als diese sich ihr nähern wollten.

Als Wolzogen 1808 kränklich wurde, versuchte sie, beständig in seiner Nähe zu bleiben, um ihn zu pflegen. Ihrer Schwester schrieb sie: „Sein Zustand wird immer übler und schwächer. Er sehnt sich nach dem Tode, was mir das Herz zerreißt, aber doch auch tröstend ist, daß er gerne und bereitet in eine andere Ordnung der Dinge hinübergeht." (Wiesbaden, 7.10.1809)

In dieser Zeit stand ihr wieder ein Mann zur Seite, der sie liebte und ihr half, den Verlust zu tragen, den sie im Dezember erleiden musste. „Ohne meinen Ami wäre ich in der völligsten Einsamkeit, aber er wird mir täglich mehr. Ich bin auch eine wundervolle Erscheinung in der Einöde für ihn und ein Band zum ästhetischen und Kunstleben, wohin seine ganze Natur geht." Es war ein Herr von Mühlmann, der in nassauischen Diensten stand. Für ihn war die Verbindung mit der reifen Frau eine Episode, für sie die Chance, sich nach dem Verlust ihres Mannes nicht vom Leben abzuwenden. Sie schrieb über ihre Gefühle sehr offenherzig der Schwester, die all die vielen näheren Bekanntschaften durchaus nicht billigte. Humboldt traf aber sicher auch nicht ganz den Kern, wenn er an seine Frau schrieb: „Caroline ist unendlich lieb und vertraulich mit mir gewesen. Es hat sie wirklich tief geschmerzt, daß ich schon so bald Weimar verlassen mußte. Die Arme ist verliebt, und das sehr heftig. Der Geliebte ist aber viel jünger als sie. Er soll sehr hübsch und sehr geistreich sein und, wie sich von selbst versteht, sehr verliebt. Er singt auch hübsch zur Gitarre. Sie hat sehr hübsche Verse an ihn gemacht. Es ist mir sehr merkwürdig gewesen, sie in dieser Stimmung zu sehen sie ist noch sehr wie ehemals und oft sehr heftig von Sehnsucht bewegt. Auch spricht sich dieses Gefühl noch immer in ihr mit großer Natürlichkeit und Zartheit zugleich aus. Ich habe sie sehr ermahnt, nur nicht wieder zu heiraten, und sie hat es heilig versprochen. Es wäre wirklich auch eine große Torheit. Du glaubst nicht, oder es wird Dir nun fremd geworden sein, wie naiv man über alle diese Dinge mit ihr sprechen kann. So habe ich ihr geradezu gesagt, daß ich sie für sehr fähig hielte, gleich wieder unbeständig zu sein und einen anderen zu lieben, und sie hat es selbst eingestanden und mir erzählt, daß auch der Geliebte das meint." (Erfurt, 7.1.1810) Humboldt vergaß dabei, dass er selbst nicht Treue in seiner Ehe hielt. Carolines Freiheit, sich zu geben, wie es ihre Natur war, konnte nicht gutgeheißen werden, schon gar nicht in ihren Kreisen.

Für Caroline brach nach Wolzogens Tod eine Zeit der Besinnung an. Es war einsamer um sie geworden. Der Sohn aber war ihr geblieben, ebenso die Mutter und die verwitwete Schwester – Schiller war 1805 gestorben – mit den vier Kindern, um deren Zukunft auch sie sich sorgte. Sie zog sich aus dem öffentlichen Leben zurück.

Denken und Schreiben

Schon in ihren Tagebuchaufzeichnungen und Briefen über die Eindrücke in der Schweiz war ihr klargeworden, dass sie schreiben konnte. Das Schreiben war eine ideale Tätigkeit für adlige und bürgerliche Frauen dieser Zeit. Öffentlichkeit war ihnen sonst nicht erlaubt, ebensowenig, einen Beruf auszuüben. Sie durften keine Universitäten besuchen und nur eingeschränkt mit der Männerwelt Kontakt halten. Eine weibliche Öffentlichkeit zu schaffen, war natürlich auch nicht möglich, schon gar nicht in Rudolstadt. Für das Wirken der Frauen im Salon gebraucht man heute den Begriff der „Kleinöffentlichkeit". Publiziert haben die Frauen meist unter Pseudonym, um sich der Vorurteile ihrer männlichen Kollegen zu erwehren.

Der damals berühmte Pädagoge Joachim Heinrich Campe schrieb zur „Schriftstellersucht", die ihm weit verbreitet schien: „Völlig gleiche, oft noch traurigere Folgen hat auch der andere Zweig dieser Epidemie, die Schriftstellersucht, welche in unsern Tagen gleichfalls fürchterlich um sich greift. Ich bleibe hier abermals nur bei denjenigen Wirkungen dieser modischen Ausschweifungen stehn, welche das Glück des häuslichen Lebens und eine gute Erziehung der Kinder stören. Diese sind: Vernachlässigung der eigentlichen Berufspflichten und der gehörigen Besorgung des Hauswesens, besonders auch der Kinderzucht; Erschlaffung, wo nicht gar gänzliche Auflösung der heiligen Familienbande zwischen Mann und Weib, zwischen Eltern und Kindern, Verwilderung des Herzens durch genährte Eitelkeit und Ruhmbegierde, häufiger Anlaß zu mißvergnügten Stunden, Tagen und Wochen bei den oft schmerzhaften öffentlichen Urtheilen, deren ein Schriftsteller nicht bloß über seine Werke sondern auch, bei dem bekannten Muthwillen unserer Bücherausrufer, über seine Person und über seinen Character, sich gewärtigen muß; eine durch zu vieles Stillsitzen in eingeschlossener Stubenluft und durch überspannte Anstrengung der Geisteskräfte bei körperlicher Ruhe zerrüttete Leibesbeschaffenheit; und endlich – das Schrecklichste von allen! – eine fast unvermeidlich daraus entstehende hypochondrische Gemüthsverfassung, mit ihrem ganz schwarzen Gefolge von Unzufriedenheit, griesgrammender Laune, Empfindlichkeit, Schwermuth, Aengstlichkeit, Beklemmung, halbem oder ganzem Wahnsinn!"

Caroline konnte die geringen Möglichkeiten öffentlichen Wirkens noch weniger nutzen, da sie sich ihrem Stand verpflichtet fühlte. Der Hof als Betätigungsfeld sagte ihr nicht zu. Sich wie viele adlige Damen karitativen Aufgaben zuzuwenden, fiel ihr nicht ein. Mit dem Schreiben konnte sie ihrer Neigung zur Hypochondrie, die sie sehr belastete und sie für die Mitwelt mitunter schwierig im Umgang werden ließ, etwas Tätiges, Gestaltendes entgegensetzen, das ihre inneren Spannungen abbaute.

Es ging ihr aber nicht nur um das Erlebnis des Schreibens. Sie wollte Geld verdienen, selbstständig werden. Eine Möglichkeit, dem näherzukommen, sah sie in Übersetzungen. Sprachkenntnisse hatten alle Frauen aus adligen und gutbürgerlichen Häusern, wenn auch in der Regel eher passive, denn mit Ausnahme des Französischen wurden andere Sprachen kaum gesprochen.

Schon in den Jahren mit Beulwitz hatte sie Märchen geschrieben und aus verschiedenen Sprachen Texte ins Deutsche übersetzt. In dieser Zeit (1792) war auch ihr erstes Drama, „Der leukadische Fels", entstanden, das Schiller in der „Thalia" veröffentlichte.

Über den Entstehungsprozess des Romans „Agnes von Lilien" ist wenig bekannt. Als das Buch vollendet war, wurde es von Schiller 1797 teilweise in seinem Journal „Die Horen" veröffentlicht. Ein zweites Mal kam es 1798 in zwei Bänden als eigenständige Ausgabe bei Unger in Berlin heraus. Der Roman erregte viel Aufmerksamkeit. Ein allgemeines Raten brach an, von wem er sei. Caroline hatte ihn anonym verlegen lassen, um sich dem Gespräch in der Öffentlichkeit zu entziehen.

Friedrich Schlegel vermutete Goethe als Verfasser. Das sprach sich rasch herum. Schiller schrieb an Goethe: „Mit der Agnes von Lilien werden wir, scheint es, viel Glück machen; denn alle Stimmen, die ich hier darüber hören konnte, haben sich dafür erklärt. Sollten Sie es aber denken, dass unsere grossen hiesigen Critiker, die Schlegels, nicht einen Augenblick daran gezweifelt, dass das Produkt von Ihnen sei? Ja die Madame Schlegel meinte, dass Sie noch keinen so reinen und vollkommen weiblichen Charakter erschaffen hätten, und sie gesteht, dass ihr Begriff von Ihnen sich durch dieses Produkt noch mehr erweitert habe. Einige scheinen ganz anders davon erbaut zu sein, als von dem Vierten Bande des Meisters. Ich habe mich bis jetzt nicht entschließen können, diese selige Illusion zu zerstören." (6.12.1796)

Frau von Stein ahnte, dass es eine Autorin sein musste, der ein gutes Buch gelungen war. Körner schrieb an Schiller, dass der Dichter der „Agnes" vielleicht weiblich, dass der Roman vielleicht aber auch von Schiller, ganz sicher nicht von Goethe sei. „...sie ist ein Pendant zum Meister", und Goethe habe „noch nie zwei ähnliche Arbeiten aufeinander folgen lassen." (21.1.1797)

Als sich dann langsam herumsprach, dass Caroline von Wolzogen die Verfasserin sei, wurde angenommen, dass Schiller seiner Schwägerin geholfen habe. Der stellte das richtig: von den ersten Teilen habe er gar nichts gewusst. Caroline amüsierten all die Vermutungen eher, als dass sie sie gekränkt hätten. Goethe und Schiller waren nun einmal die anerkannten Literaten. Mit ihnen gleichgesetzt zu werden, bedeutete Anerkennung.

Goethe äußert sich in einem Brief an Schiller ausführlich über den Roman. „Ich habe auch diese Tage den zweiten Teil von Agnes von Lilien gelesen. Es ist recht schade, dass diese Arbeit übereilt worden ist. Die summarische Manier, in der die Geschichte vorgetragen ist und die, gleichsam in einem springenden Takt, rhythmisch eintretenden Reflexionen lassen einen nicht einen Augenblick zur Behaglichkeit kommen und man wird hastig ohne Interesse. Dies ist zum Tadel der Ausführung gesagt, da die Anlage so schöne Situationen darbietet, die, mit einiger Sodezz ausgeführt, eine unvergleichliche Wirkung tun müßten. Was das Naturell betrifft, das dieses Werk überhaupt hervorgebracht, so erregt es immer noch Erstaunen, wenn man auch den Einfluss Ihres Umgangs auf die Vollbringung des Werkes nicht verkennen kann. Freilich fällt die Absonderung für uns andere Leser schwer; aber ich glaube doch immer sagen zu dürfen: dass eine solche Natur, wenn sie einer Kunstbildung fähig gewesen wäre, etwas Unvergleichliches hätte hervorbringen müssen. Meyer ist voller Verwunderung, der sich sonst nicht leicht verwundert." (3.2.1798) Uneingeschränkte Anerkennung konnte er nicht zollen. Frauen waren nach dem Urteil des Dichters nicht in der Lage, wirkliche Kunst auszuüben. Schiller stimmte da durchaus mit ein. Für ihn konnten Frauen in der Kunst nur dilettieren. Er führte darüber mit Goethe einen Disput, der bezüglich Caroline darauf hinauslief, dass „eine zu große Willkür der Phantasie ... sie von dem eigentlichen Punkt" entferne, auf den es ankomme.

Für Caroline wird der Schaffensprozess wichtig gewesen sein. „Agnes von Lilien" mutet in der Tat wie ein weiblicher Entwurf zu Goethes Roman „Wilhelm Meister" an. Eine Frau durchläuft einen Prozess, aber nicht als Heldin, die bestimmte Stadien ihres Lebens absolvieren muss, sondern als Frau, die durch die Umstände geprüft wird und siegreich aus allen Verwirrungen hervorgeht, einzig aufgrund ihrer hohen moralischen Anlagen. Allerdings erreichte die Autorin Goethes Meisterschaft wahrhaftig nicht.

Agnes von Lilien wächst in großer Abgeschiedenheit in der Pfarrei ihres Ziehvaters auf, der bereits im 70. Lebensjahr steht. Über ihrer Herkunft liegt ein Geheimnis. Der Stiefvater ist ein vortrefflicher Mann, der alle seine außerordentlichen Gaben der Erziehung der Pflegetochter zugute kommen lässt, die ihm mit vielen edlen Eigenschaften diese Mühen dankt. Agnes ist achtzehn Jahre alt. Mit weiblichen Tätigkeiten verbringt sie ihre Tage. Sie sorgt für das Hauswesen, sitzt am Abend mit Spinnrocken und Strickzeug am Kamin und lässt sich vom Ziehvater vorlesen.

Eines Abends betritt ein Fremder das Pfarrhaus. Er bittet um Herberge, die ihm gern gewährt wird. Das junge Mädchen fühlt sich angezogen von dem Mann. Erstmals spürt sie ihre Weiblichkeit. An diesem Abend wird ohne ihr Wissen über ihre weitere Zukunft entschieden. Sie soll an den Hof einer Gräfin, die eine nahe Bekannte des Fremden ist, und dort ihre gesellschaftliche Erziehung erhalten. Zum anderen bittet der Fremde um Agnes' Hand, was ihr ebenfalls verschwiegen wird. Vom Kammermädchen erfährt sie es dennoch.

Agnes wird von einer Gräfin, der geheimnisvollen Freundin des abendlichen Besuchers der Pfarrei, als Gesellschafterin an deren Hof genommen. Die neue Welt ist nicht nach dem Geschmack des Mädchens. Da sie aber einen kleinen Zirkel von angenehmen jungen Menschen in dem sonst großen Kreis der leeren, höfischen Gesellschaft findet, bleibt ihr das Leben erträglich. Nach und nach spinnt sich um Agnes ein Geflecht von Verwirrungen, Irrtümern und Geheimnissen, die eine arge Belastung für das geradlinige Mädchen werden und vor allem sie selbst zweifelhaft in den Augen ihres Geliebten erscheinen lassen. Ernsthafte Widerstände entstehen, da Agnes die Enkelin des Fürsten ist und als Kleinkind ausgesetzt wurde. Des Fürsten Tochter, Agnes' Mutter, hatte heimlich unter ihrem Stand und gegen den Willen der Eltern geheiratet und eine Tochter geboren. Wie zum Trost irrlichtert eine Mignonähnliche Gestalt, Bettina, durch dieses Dickicht der Intrigen und Verbote und gibt Agnes Hoffnung. Am Ende des ersten Teiles hat Agnes einen Traum. Sie sitzt mit dem Geliebten vereint, und ein bunter Vogel bringt einen Korb mit Früchten. Als beide nach dem Obst greifen wollen, ruft der Vogel dem Geliebten Nordheim zu: Noch nicht, sobald noch nicht, denn sie liebt dich nicht. Nordheim entfernt sich. Sie selbst wird gleich dem Dornröschen von einer Hecke umgeben, die undurchdringlich ist. Ein junger Mann, Julius, der Agnes liebt, öffnet ihr selbstlos den Weg durch die Hecke. Ein schöner Knabe reicht nun allen die Früchte, und der Traum endet freundlich.

Der tadellose Charakter des Mädchens lässt es alle Anfechtungen bestehen, und am Ende, eingeleitet durch den Tod des Fürsten, kann die Hochzeit mit Nordheim im Hause ihrer Kindheit vollzogen werden.

Caroline musste sich bei aller Anerkennung auch manches gefallen lassen, es gab nicht nur Lob. Clemens Brentano veröffentlichte eine Glosse auf die „Agnes". „Die wohlgezogene Dame tritt zart und leise auf, ihr Gewand ist nicht allein wohl gezogen, sondern hier und da auch lang gezogen, doch Schillert es sehr stark bei aller Anspruchslosigkeit, der Kopfputz besteht aus böhmischen Glasgeweben von sehr meisterhaft facettierter Form, sie trägt eine natürliche Lilie an der Brust, die aber stark parfümiert ist. Durch ihre Haare schlingen sich ausserdem noch einige gemachte Blumen mit blassen, sehnsüchtigen Halbtinten fingiert. Die ganze Erscheinung ist sonderbar, überhell in ihrer Dunkelheit." Möglicherweise zielt diese Kritik eher gegen Schiller als vermeintlichen Helfer denn gegen inhaltliche Schwächen; zu dieser Zeit hatte sich der unversöhnliche Konflikt zwischen Schiller und den Romantikern schon verfestigt, und man fügte sich gegenseitig empfindliche Wunden zu. Clemens Brentano beschränkte sich auf das Werk, seine Schwester zielte auf die Frau: „So klar und zart und engelhaft das ganze Werk sein soll, so wenig ist dies alles die Dichterin", teilt sie Henriette Arnstein mit.

Der Dreieckskonflikt, den Caroline selbst durchlebt hatte, ist ein Grundelement auch ihres Altersromans „Cordelia" und ihrer Erzählungen. In „Cordelia" wird ein sich liebendes Paar auseinandergerissen, weil die Eltern bestimmend in das Schicksal der Kinder eingegriffen hatten, noch ehe diese wählen konnten. Die beiden geben nach. Cordelia heiratet den Auserwählten ohne Neigung, aber auch ohne Widerwillen; so weit ging die Verleugnung eigener Wünsche. Cordelia und ihr Geliebter suchen sich aber weiterhin gegenseitig im Geheimen, bis der Weg zu einer regulären Verbindung frei wird. Caroline trieb die Widersprüche nie ins Tragische. Träume z. B. spielen eine konfliktlösende Rolle, Einsiedler greifen begütigend in die Handlung ein.

Mit zunehmendem Alter wird Carolines Interesse und Verständnis politischen und gesellschaftlichen Ereignissen und Erscheinungen gegenüber größer. In „Cordelia" kann man lesen: „Die Zerstückelung Deutschlands, ... die manche Übel mit sich führt, hat auf der anderen Seite auch viel Gutes. In großen Reichen, wo alles nach dem Mittelpunkte strebt, durchzieht man lange Strecken, ohne durch

Bedeutendes in Architektur, Literatur und Kunst angezogen zu werden. Ein kleines Ganzes gestaltet sich leicht zu gefälliger Form, wenn nicht ein ganz armer oder verworrener Geist es beherrscht. Ein kleiner Despot wird gar bald an seine Liderlichkeit erinnert, und jene Zerstückelung hat uns einen Despotismus, wie Richelieu ihn übte, und wie Ludwig's XIV. so gepriesenes, aber im Grunde so unseliges Zeitalter herbeiführte, entzogen, uns also auch eine gewaltsame Revolution mit ihren Gräueln erspart."

Obwohl Caroline in der Regel den eigenen Erfahrungsbereich in ihren Werken nicht verließ, begab sie sich doch einmal in die Atmosphäre einer Schauspieltruppe und schrieb eine Erzählung im Lebensbereich von Zigeunern. Gerade diese ihre letzte Erzählung hat neue Elemente. Während sonst die weiblichen Gestalten zwar ausgezeichnete Charaktere sind, verfügen sie doch über wenig Aktionsraum, sind arm an Bewegung und Entwicklung. Die Hauptgestalt in der Erzählung „Die Zigeuner" wird geraubt und zu Zigeunern gebracht. Dort verstellt sie sich, lernt schnell die Fähigkeiten dieses bunten Volkes und setzt List und Klugheit ein, die Mutter ihres Geliebten wiederzufinden. Sie wird aktiv.

Das zentrale Gefühl aller Erzählungen und Romane Carolines ist die Liebe. Sie wird erhofft, versprochen, enttäuscht, erlebt; meist finden zwei zueinander, die dann durch Reisen, Verwechslungen, Irrtümer, Eifersüchteleien getrennt werden, um am Ende wieder zueinanderzufinden. Aufregend geht es dabei nicht zu. Die Werke strahlen Ruhe aus, weil die Protagonisten fertige Menschen sind, die vom Unglück gestreift, aber nicht zerbrochen werden. Ihre Grundsubstanz ist unzerstörbar.

In ihren Büchern übte Caroline Kritik an der Lebensweise des Adels. Die Hofgesellschaften sind arm an Geist und Charakter, verspielen ihr Leben, spinnen Intrigen und schaden anderen. Eine sehr schöne Figur gelang Caroline im Roman „Agnes von Lilien" in der Gräfin. Diese hat gute Anlagen, die aber durch eine fehlgeleitete Erziehung verbogen oder verschüttet wurden. Als sie Nordheim trifft, setzt eine Wandlung ein. Gerade diesen Prozess beschreibt Caroline mit großer Differenziertheit. Die Gräfin vertraut Agnes an: „Ich habe meinem eigenen Herzen Schulden abzubüßen, und nur in strenger Wachsamkeit auf mich selbst bewahre ich meinen inneren Frieden. Mein Daseyn ist Kampf und Arbeit." Und Agnes reflektiert: „Mehr noch als ihre Worte, hatte ein unaussprechlicher Ausdruck des tiefen Leidens, der mir in ihren Zügen zum ersten Mahle erschien, meine Seele in inniger Neigung gegen sie eröffnet. Unter der Herrschaft der Weltsitte hatte sie sich gewöhnt, einen Schleyer des leichten Muthes um ihren Gram zu ziehen, der ihr in diesem Augenblicke der herzlichen Vertraulichkeit entfiel."

Carolines Helden und Heldinnen entstammen meist dem Adel, leben dessen einstige hehre Werte. Caroline entwarf keine Gegenwelt. Aber sie hatte ihre Träume, und die waren im einfachen Landleben angesiedelt. Sie schuf Idyllen. „Oft halte ich bei meinen Wanderungen in einer einsamen Hütte an, und gehe ein in das Leben des Volkes, höre von seinen Bedürfnissen, seinen Freuden und Leiden. Gestern Abend saß ich bei einer Mutter unter ihren Kindern und genoß eine freundlich dargebrachte Schaale Milch. Auf einmal ertönte ein Freuderuf unter den Kindern, die auf der kleinen Wiese vor dem Hause spielten: der Vater kommt! – Er kam, ein stattlicher Mann, noch kräftig nach des Tages Arbeit, und die Seinen drängten sich um ihn mit Liebkosungen, und waren bemüht ihm Ruhe und Erfrischung zu bereiten. O ich Einsamer! ich ritt nach Hause, und die Bilder des einfachen süßen Glücks standen vor meiner Einbildungskraft, überglänzten die geschmückten Zimmer des reichverzierten Hauses."

Aber Caroline träumte nicht nur. Auffallend ist, wie modern sie in Fragen der Erziehung urteilte. Das tat sie nicht explizit, in Aufsätzen oder Fragmenten, sondern über ihre Kunstfiguren. Sie hing Rousseau an und verleugnete das nie. In ihrem Alterswerk „Cordelia" kann man lesen:

„Wenn wir in das Schicksal eines andern Wesens ein-
zugreifen im Begriff sind, sollten wir immer, wie So-
krates, auf die warnende Stimme des Genius horchen.
Andre bestimmen ist gefährlich; die Folgen sind nicht in
unsrer Hand. Doch es wird wohl ein immerwährender
Irrtum in der Menschheit bleiben, daß wir unseren Gefühlen und Überzeugungen auch in Andern Gestalt zu geben
suchen, ohne ihre Individualität dabei hinlänglich zu be-
trachten."

Man kann auch verfolgen, wie in verschiedenen Erzählungen die Ansichten über Pädagogik der Schriftstellerin
differenzierte Kunstmittel in die Hand geben. In der Erzählung „Anna, eine Geschichte in Briefen aus der Refor-
mationszeit" sind breite Entfaltungsmöglichkeiten für die
Tochter vorhanden, die sich in einen jungen Mann verliebt, der von seinen Eltern zum Klosterleben bestimmt ist,
für sie also unerreichbar scheint. Er heiratet sie aber dennoch, weil sich von allen Seiten Verständnis einstellt und
ein unlösbar scheinender Konflikt glücklich endet. Diese
Erzählung steht so ganz für Carolines Wesen. Es wird viel
gelitten, aber irgendwelche Hoffnung kommt immer wieder auf, und die Liebenden und ihre Umgebung verfügen
über so viel Freundlichkeit und Menschlichkeit, dass die
Strenge des kirchlichen Gebots gemildert und dann besei-
tigt wird.

Auch über die unterschiedlichen Rollen von Mann und
Frau dachte Caroline häufig nach. Das Thema kehrt in all
ihren Romanen und Erzählungen wieder. Caroline selbst
stand hinter den üblichen Klischees ihrer Zeit: Die Frau ist
die Verkörperung der Liebe, des Gefühls, sie ist voll
Weichheit, Anmut und Schönheit. Sie ist Sinnbild der
Häuslichkeit, ist Mutter. Der Mann steht für Wissenschaft,
Ehrgeiz, belohnendes Wirken am Ganzen, er schafft Glück
und Ordnung um sich und versucht, diese zu erhalten. Mit
seiner Stärke gibt er der Frau Sicherheit. Seine nach außen
gerichtete Tätigkeit birgt Konflikte in sich, Risiken, die es
zu bewältigen gilt.

Leise Kritik an dieser Verteilung kommt jedoch manchmal auf. So ließ sie Nordheim über das Geschlechterverhältnis folgendes sagen: „Die schöne Fähigkeit des weiblichen Gemüths in einer neuen fremden Lage, gleichsam in seinem Innern ein neues Ressort aufzufinden, sollte von uns mehr als eine dem Geschlechte inwohnende Kraft angesehen werden, anstatt daß wir sie nur für eine Ausnahme anerkennen wollen. Wir sind um so unbilliger in diesem Urtheile, da wir positive Vortheile gegen die Frauen haben, und mit manchen Federn geschmückt sind, die wir am Ende doch nur unsern stärkern Klauen verdanken. Die Vortheile einer frühern wissenschaftlichen Bildung und mannigfacher Lebensverhältnisse mußten für Kraft des Charakters, für Besonnenheit in schweren Lagen auf unserer Seite entscheidend seyn, wenn nicht wirklich zuweilen ein innerer Reichthum der Natur die Weiber entschädigte. Aber nicht alle hat die Natur so begünstigt; wenige nur widerstehen durch eine glückliche Anlage der Gewalt, welche eine falsche Erziehung, schon von der frühesten Jugend, an ihnen ausübt. Die Unwissenheit und Charakterlosigkeit, zu denen sie meistens ihre Verhältnisse verdammen, tragen die bittersten Früchte für ihr ganzes Leben, und wer hat diese zu genießen, als wir selbst?"

Caroline repräsentierte die Frau des ausgehenden 18. Jahrhunderts, die ein Stück über das verbreitete Rollenklischee hinausging. Das lebte sie vor allem im intellektuellen Bereich. „Gern fand ich mich selbst wieder, frei, in meiner Gedankenwelt mich den denkenden Geistern anzureihen, die mir Klarheit geben konnten. Der Trieb des Wissens erhielt mir den innern Lebenstrieb, und eine Ewigkeit des Wissens konnte ich mir denken" (Cordelia). Ihr Bücherschrank war reich an belletristischen, philosophischen, historischen, ästhetischen, auch medizinischen Werken. Die bedeutenden und die weniger bekannten Autoren, Künstler und Wissenschaftler ihrer Zeit sind vertreten durch die Humboldts, Kleist, Winckelmann,

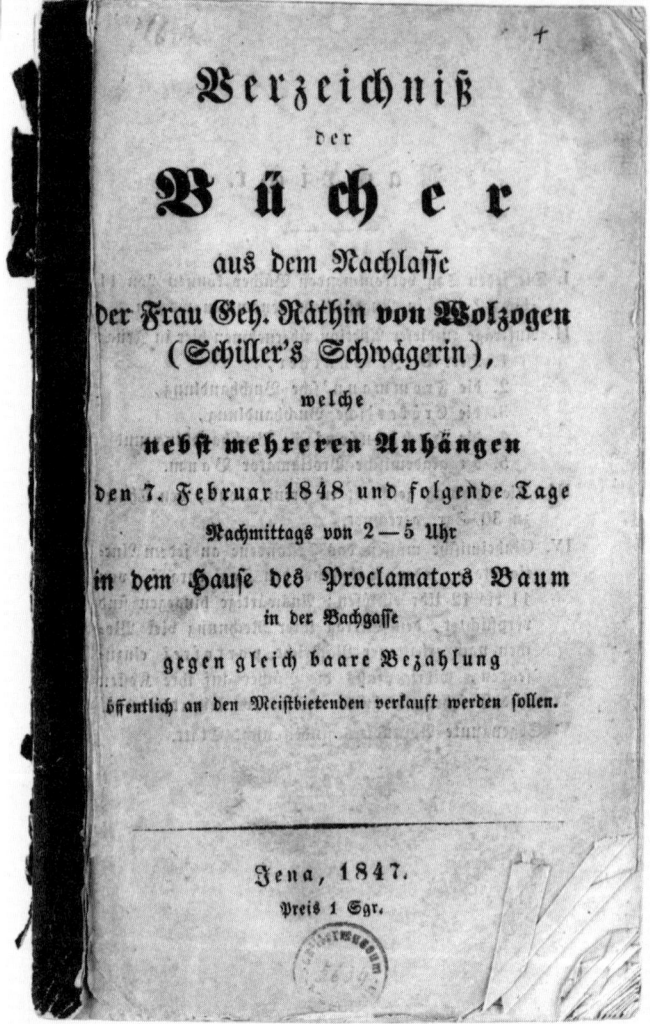

Verzeichniß
der
Bücher
aus dem Nachlasse
der Frau Geh. Räthin von Wolzogen
(Schiller's Schwägerin),

welche

nebst mehreren Anhängen

den 7. Februar 1848 und folgende Tage

Nachmittags von 2—5 Uhr

in dem Hause des Proclamators Baum

in der Bachgasse

gegen gleich baare Bezahlung

öffentlich an den Meistbietenden verkauft werden sollen.

Jena, 1847.

Preis 1 Sgr.

Verzeichnis der Bücher aus dem Nachlass der Caroline
von Wolzogen, Deckblatt

451. Dancourts sämmtliche Lustspiele. 1. Band. Breslau 1761.
452. Immerwährender Kalender für Eheleute ꝛc. Frkf. 1793.
453. Vermächtn. eines Einsamen. 1. Lief. Hamb. 1802.
454. Die Leiden der jungen Wertherin. Eisen. 1775.
455. Merkel, Wannem Ymante, eine lettische Sage. Leipzig 1802.
456. Tschink, Geschichte eines Geistersehers. 2. Bd. Weimar 1793.
457. Karl Stösels Kinderjahre. Leipzig 1798.
458. Kramer, Theodor Gaston. Ein Revolutionsroman. 1. Bd. Chemn. 1793.
459. 60. Godwi, oder das steinerne Bild der Mutter. Bremen 1801. (Mit 1 Kupf.)
461. Dramat. Gemälde, vom Verf. der Novelle Carlo. Züllich 1802.
462. Ein Jahr in Arkadien. Züllich 1805.
463. Petrarca, dramat. Gedichte in 5 Akten. Hamb. 1806.
464. 65. Franz Horn, Luna. Taschenbuch auf 1804. u. 1805. Leipzig 1804. (O. Kupf.)
466. Ders., Andeutungen für Freunde der Poesie. Lpzg. 1804.
467. Briefe von Bürger an Marianne Ehrmann. Wien 1802.
468. Kotzebue, Graf Benjowsky. Schauspiel in 5 Aufzügen. Leipzig 1795.
469. Falk, Prometheus. Lüb. 1803. (O. Kupf.)
470. 71. Deff. Taschenbuch für Freunde des Scherzes f. d. J. 1800 u. 1801. (O. Kupf.)
472. Schlegel, Florentin. 1. Bd. Lüb. 1801.
473. Dasselbe Buch ohne Titel.
474. Vertraute Br. üb. Schlegels Lucinde. Lüb. 1800.
475. Tiek, Kaiser Octavianus. Jena 1804.
476. Schmidt, Gedichte. Berl. 1796.
477. Antons Reisen in die wirkliche Welt. 1. Bd. Hamb. 1802.

Eine Seite aus dem Bücherverzeichnis der Caroline von Wolzogen, aus ihrem Nachlass

Basedow, Klopstock, Kant, Tieck, Schlegel, Goethe, Schiller, Kotzebue, Hufeland, Schwab, Paulus, Reinhold, um nur einige zu nennen. Bis zu ihrem Tode besorgte sie sich die Neuerscheinungen, die sie interessierten. Als sie starb, wurde ihre Bibliothek versteigert. Die Auflistung aller ihrer Bücher ist noch vorhanden.

Caroline unter den schreibenden Frauen

Carolines Niederlassen 1797 in Weimar war vielleicht der Höhepunkt der Erfüllung ihrer Wünsche. Sie war nun dauerhaft in Schillers Nähe und genoss das auch reichlich. „Wie gern teilte ich jeden Gedankenblitz, der, von Schiller ausgehend, unsern Abendgesprächen Licht und Leben gab, seinen sinnigen Verehrern mit", schrieb sie in ihrer Schillerbiografie.

Caroline war aber auch viel allein. Höfische Aufgaben und Pflichten, z. B. eine Russlandreise 1797 und Bildungsreisen mit dem Erbprinzen ließen Wolzogen nicht viel Freiraum. Caroline erzog nicht selbst den kleinen Sohn, obwohl sie mit großer Liebe an ihm hing. Wie es Sitte war, gab sie ihn in eine Pflegefamilie. Sie widmete sich ihrem Salon, einer Tätigkeit, die auch viel Zeit in Anspruch nehmen konnte. Im Salon unterhielt man sich, musizierte, las, diskutierte die neueste Literatur und Presse, spielte Theater und brillierte. Manche gingen von Salon zu Salon, verbreiteten das eben Gehörte und gestalteten so ihren Tag. In Carolines Salon waren Karoline und Wilhelm von Humboldt, Goethe, Friedrich Bertuch, Christian Gottfried Voigt, Charlotte von Stein und Amalie von Imhoff, auch Jenaer Gelehrte gern gesehene Gäste. Frau von Staël besuchte Caroline, auch Benjamin Constant, Christoph Martin Wieland, Friedrich Hildebrand von Einsiedel und Johann Heinrich Meyer, genannt „der Kunstmeyer". Es ist anzunehmen, dass der sonst gesellschaftsscheue Herder bei ihr verkehrte. Ihn verehrte sie sehr, und seine Schrift über die Humanität verschiedener Völker liebte sie besonders. Manchmal träumte sie von einem einfachen, harmonischen Landleben, wo Klarheit der Gedanken und ein natürlicher Umgang herrschten. Natürlich hatte sie auch nahe Beziehungen zum Hof, zum Herzog Carl August und seiner Frau Luise und zur Herzoginmutter Anna Amalia. Ihr Leben hatte nun ruhigere Bahnen genommen, die Ehe mit Wilhelm von Wolzogen ließ den Skandal um die Scheidung vergessen. Caroline war nun eine angesehene Frau, die zur adligen Gesellschaft Weimars zählte und weniger Distanz zum Hofleben entwickelte als einst in Rudolstadt. Dazu kam ihr Ruhm als erfolgreiche Schriftstellerin.

Sie hatte erreicht, was sie schon lange anstrebte, ohne es wirklich gänzlich zu bekommen: „Ruhe war, seit ich einen richtigen Blick in den Zusammenhang der Dinge und in meine eigne Existenz that, Zweck meines Strebens, und ist es noch. Gott sei Dank, daß ich diesen nicht fern blieb, daß ich ihm täglich näher komme", schrieb sie vor ihrer Ehe an Wilhelm von Wolzogen.

Ein wichtiges Hilfsmittel zur Lebensbewältigung war ihr das Schreiben. Mit ihrem ersten Roman hatte Caroline ein Echo erzeugt, das sich nicht wiederholen sollte. Ihr Buch „Livres de Plans", ein Geschenk Schillers, ist voll von Skizzen und Ideen. Das meiste kam nicht zur Ausführung, erst recht nicht zur Veröffentlichung, die Veröffentlichung war nicht einmal ihr Hauptanliegen. Unter den unveröffentlichten Werken befanden sich auch ein schon fortgeschrittener Roman und ein Drama. Über ihre Motive zu schreiben, äußerte sie sich etwas einseitig in späten Jahren: „Ich schreibe... alle meine... Aufsätze in keiner besonderen Absicht auf. Ich weiß, sie werden den meisten Menschen unrichtig dünken, voll fremder Ideen, in die sie sich nicht werden hineindenken können, vielleicht aus dem Mangel eines artigen Gewands von Worten, denen ich nicht lang nachlaufen kann, wenn sie sich nicht ungebeten darstellen. Ich schreibe ohne meinen Blick auf meine Zeit-

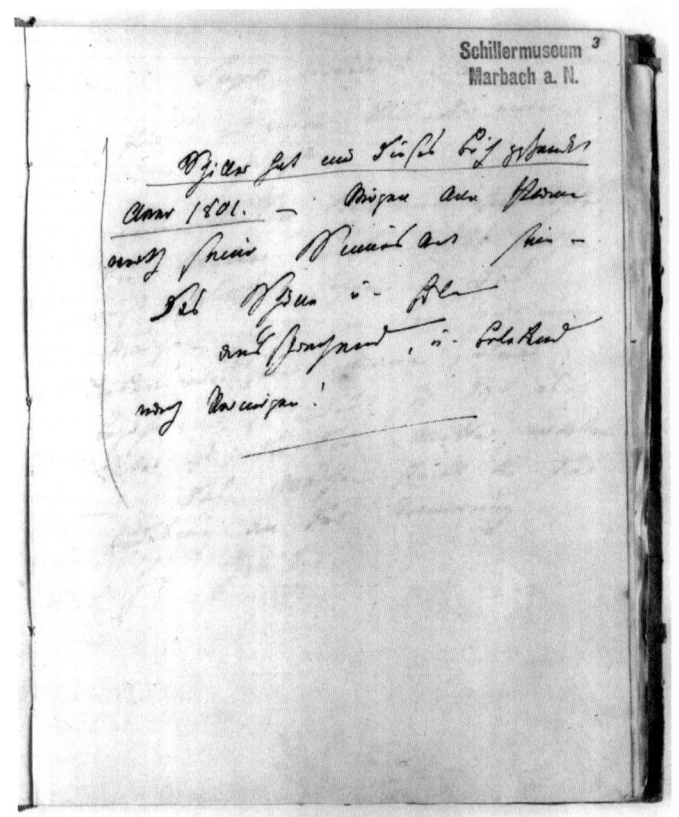

Handschrift der Caroline von Wolzogen

genossen, ohne sie auf die Nachwelt gerichtet zu haben, ob es mir gleich viel Freude machen würde, glauben zu können, daß dieses Schreiben irgend jemand nützlich wäre. Ich schreibe – um zu schreiben, um mit mir selbst umzugehen, um mich selbst besser verstehen zu lernen, und weil niemand von allen Menschen, die um mich sind, mich genug versteht, und meine Gedanken doch ausdrücken will."

Noch weiß man nicht allzuviel darüber, in welchem Verhältnis die schreibenden Frauen zueinander gestanden haben, die im ausgehenden 18. Jahrhundert auf so engem Raum lebten. In Jena waren es Sophie Mereau, Caroline Schlegel, Dorothea Veit und Caroline Paulus. Eine Merkwürdigkeit ist es schon, dass es bisher kein Zeugnis gibt, das belegt, ob die Schlegel und die Mereau, die vielleicht auffälligsten weiblichen Erscheinungen in Jena, Umgang miteinander hatten. In ihren Salons verkehrten dieselben Leute, sie aber besuchten möglicherweise einander nicht. Auch im literarischen Schaffen nahmen sie sich nicht immer zur Kenntnis. In Carolines Bücherverzeichnis finden sich zwar Werke der Caroline Paulus und der Amalia Holst, aber nicht die der Sophie Mereau. Für Caroline ist das vielleicht nicht so sonderbar, sie pflegte eine sehr enge Freundschaft zu Karoline von Humboldt und hat sich vielleicht auf diese und die Paulus beschränkt. In Bezug auf Caroline Schlegel und Dorothea Veit ist bekannt, wie schlecht sie sich vertrugen, nachdem sie einige Zeit zusammen unter einem Dach im Kreis der Frühromantiker in Jena gelebt hatten. Diese Frauen versuchten, jede für sich allein, ihre Träume zu verwirklichen. Sie verbündeten sich nicht. Das trifft auch auf Caroline Paulus zu. Sie hatte mit ihrem geselligen Wesen Zugang zu vielen Häusern und war eine begehrte Sängerin. Sie ertrotzte sich die Eigenständigkeit nicht, sie war ihr eigen.

Die berühmten Frauen in Berlin wie Rahel Levin und Henriette Herz kannten sich von Kindheitstagen, besuchten einander in ihren Salons, schrieben sich Briefe und tauschten ihre Erfahrungen aus. Henriette Herz und Caroline von Wolzogen lernten sich persönlich erst 1819 in Frankfurt kennen, und sie gefielen einander gut.

Die Jenaer Frauen reiften auch an den großen Männern. Sophie Mereau war mit Schiller vertraut, auch mit Fichte, Caroline Schlegel und Dorothea Veit mit den Frühromantikern. Caroline neigte, wie schon beschrieben, zu Schiller und Wilhelm von Humboldt. Allerdings ist es heute schwer nachzuvollziehen, wie die Frauen damit fertig wurden, dass sie aus den Konzepten der Menschenrechte der Philosophen und auch Dichter ausgeklammert wurden. Fichte verlangte, dass die Frau nach ihrer Heirat alles aufgebe und dem Mann als unselbstständiges Wesen folge, ganz ihm gehöre. Auch Wilhelm von Humboldt huldigte diesem Konzept, behielt es aber für sich und vertraute es nur einer intimen Freundin an. Vielleicht überlasen die weiblichen Denker diese Stellen oder sie begriffen sich als Ausnahmen. Es gibt aber auch Zeugnisse, in denen sie sich ganz einfach über solche Postulate lustig machten.

Die herausragenden schreibenden Frauen sind schwer miteinander vergleichbar. Gerade weil in Jena und Weimar die philosophischen und literarischen Konzepte zahlreich und höchst unterschiedlich nebeneinander existierten, war auch für die Frauen ein großes Maß an Differenzierungsmöglichkeit gegeben, und das realisierten sie auch. Sophie Mereau bewegte sich zwischen den klassischen und den frühromantischen Konzepten, indem sie ihrerseits die Ideale des klassischen Denkens übernahm, hier ganz Schülerin Schillers wurde, andererseits den Konzepten der Frühromantiker nahestand. Auch sie wollte Erneuerung, Ausbruch, Wirkungsmöglichkeiten für die Frau. Caroline von Wolzogen blieb den Anschauungen der Empfindsamkeit verhaftet, Caroline Schlegel und Dorothea Veit gehörten ganz der modernen Richtung der Frühromantiker an, ebenso Caroline Paulus, die aber auch kritische Worte für die Jenaer Romantiker fand.

Vielleicht würden sich die Frauen dieser Zuordnung widersetzen. Vielleicht suchten sie einfach nur Ausdrucksmöglichkeiten für ihr Gefühl und ihre Lebenserfahrungen. Man liest fast nichts über Stilmittel, ästhetische Konzepte und dergleichen in ihren Briefen, wie man es bei den Männern finden kann.

Wenn Gunda Brentano 1801 an Bettina schrieb: „Siehe, ein Mädchen wie ich darf nicht sagen: bei Schlegel und Goethe. Denn das ist gegen die Ehrbarkeit, die sich für unsereins schickt. Wollen wir auch einmal von gelesenen Büchern etwas anbringen, so fragen wir ganz modest: Kennen Sie die moralischen Erzählungen von Frau von La Roche oder dieses und jenes Buch von dem beliebten Lafontaine?", dann kann man ermessen, wie weit die hier Genannten den Durchschnitt der gebildeten Frauen hinter sich gelassen hatten und eine Literatur schufen, die den Maßstab höher setzte.

Die Freundschaft zwischen Caroline und dem Ehepaar Humboldt

Wilhelm von Humboldt ging seinen ganz eigenen Weg, unbeeinflusst von Strömungen und Moden. Nach dem Jurastudium arbeitete er kurze Zeit im Staatsdienst. Er fühlte sich unzufrieden. Schon in jungen Jahren, 1789, schrieb er an Caroline von Beulwitz: „Ich mache keine Ansprüche auf die meisten andren Vorzüge, nicht auf Talente, Wissen, Gelehrsamkeit, aber gern möcht' ich Anspruch machen auf den Vorzug, Mensch und gebildeter Mensch zu sein. Das wird man nur durch Nachdenken, Erfahrung, Umgang." Die Zeit dazu gönnte er sich. Er quittierte vorübergehend den Staatsdienst, übersiedelte 1791 nach Burgörnern auf die Güter seiner jungen Frau, genoss die sich bald vergrößernde Familie und lebte seiner Bildung. Lange aber hielt es ihn nicht auf dem einsamen Gut. Er zog 1794 mit der Familie nach Jena in Schillers Nähe. An August Wolf schrieb Humboldt: „Es gefällt mir hier ausnehmend gut, und eine Stadt zu nennen, in der ich durch die Stadt selbst zugleich so ungestört und so angenehm gelebt hätte, sollte mir schwer werden. Von der eigentlichen Gesellschaft lebe ich ganz getrennt, ob ich gleich alle ihre einzelnen Mitglieder kenne und viele einzeln von Zeit zu Zeit sehe. Selbst das Schützsche Haus, das doch immer noch das soziabelste hier ist, besuche ich nicht viel, so lieb ich auch Schützen selbst habe. Dafür aber habe ich einen täglichen Umgang an Schiller, meinem alten Freunde... Wir sind alle Abende zusammen und leben äußerst glücklich miteinander." (1794)

Caroline lernte er vor dieser Zeit kennen. Ihr erstes Gespräch in Rudolstadt im Zusammenhang mit dem Tugendbund muss den um vier Jahre Jüngeren ungeheuer beeindruckt haben. Am 23. Januar 1789 schrieb er ihr: „Es wird mir ein unvergeßlicher Abend sein, Kar., an dem ich mich von Dir trennte. Ich hatte Dich zum ersten Mal und auf so kurze Zeit gesehen, mein Herz war so voll warmer inniger Gefühle, und nun mußte ich fort, auf ungewisse Hoffnung des Wiedersehns in vielleicht erst einem halben Jahre. Sie hören, sehn, mit ihr leben würde meinen Grundsätzen mehr Festigkeit, meinem Geiste überhaupt höhere Gesichtspunkte, meinem Handeln mehr Wirksamkeit und Kraft, meinem Herzen mehr Ruhe geben; nun kann ich das alles nur kennen lernen, nur sehn wie es sein würde, könnte; muß nach zwei kurzen Tagen bei L. in eine Einöde zurück, wo nur ich mir bleibe... Das alles durchkreuzte sich auf einmal in mir, ich hatte Mühe, meine Rührung zu verbergen. Doch ich sah in Deinem Auge die Wehmuth mit Stärke gemischt, ich faßte den Gesichtspunkt wieder, aus dem ich gern alle Dinge ansehe, und ich bekam wieder Muth." In den wenigen Zeilen wird ein wesentlicher Charakterzug Carolines angedeutet, ihre innere Stärke, die auch der Freundin, Karoline von Dacheröden, und seinen vorherigen Frauenbekanntschaften, Therese Forster und Henriette Herz, eigen war. Am Ende heiratete er Karoline von Dacheröden, nicht ohne vorher Caroline von Beulwitz um Rat gefragt zu haben. Wie nah diese ihm auch zur Zeit der

Hochzeit im Juni 1791 stand, zeigt folgender Brief: „...wir sind so glücklich, und eigentlich danken wir das Glück Dir, das wird Freude in Deine verödete Seele gießen. Du bist so ein wunderbar glückliches und wieder unglückliches Wesen. Erinnerst Du Dich noch des Augenblicks in Weimar, wo Du einmal am sternenhellen Abend, als Schiller nicht da war, mit mir hinausblicktest, und so gerührt wurdest, und Dich mit mir aufs Sopha setztest, und Deine Thränen an meinem Busen bargst? Immer vermocht' ich Dir nicht zu folgen. Deine Empfindungen erschienen so schnell, und in so wechselnden Gestalten entzückender Schönheit, aber wo ich Dir folgen konnte, da fühlte ich mich auch so hingezogen zu Dir. Ich weiß nicht, ob ich Dich je hätte eigentlich lieben können, aber für Dich gelebt, meine besten Momente nur dazu genutzt, Dir Ruhe und Frieden und Trost zu geben, wenn auch nur durch Mitgefühl des kinderweichen, treumeinenden Herzens, darin meine ganze Glückseligkeit gefunden hätt' ich gewiß!" (6.7.1790)

Die vertrauensvolle Beziehung zu den Humboldts währte ein Leben lang. In einem Brief an Karl Gustav Brinkmann bezeichnete Karoline von Humboldt Caroline als ihre „älteste und ich möchte sagen einzige Jugendfreundin." (10.11.1796) Sie müssen sich vor 1788 kennengelernt haben, denn Caroline war in den Tugendbund auf Empfehlung ihrer Freundin aufgenommen worden. Caroline war drei Jahre älter, was kaum eine Rolle gespielt hat, denn die andere Karoline war früh gereift. Sie hatten gemeinsame Interessen, vor allem die Literatur. Ihrem Wesen nach waren sie aber sehr verschieden. Wilhelm von Humboldt verglich sie einmal. Er schrieb an seine Frau: „Es ist unglaublich, wie sehr ich immer denselben Unterschied, den ich schon bei meiner ersten Bekanntschaft unter Euch fand, noch jetzt bestätigt sehe. Du wirst immer unglaublich mehr, ja mehr s e i n , als sie nur fassen und begreifen kann. Denn daß Du bei dieser himmlischen Treue, bei diesem einfachen Beschränken auf den häuslichen Kreis, bei dieser Liebe und dieser Lust an dem Beschäftigen mit den Kleinen, ja an ihrem Warten und Stillen die unbeschränkteste Ansicht, den höchsten und freiesten Schwung des Geistes und der Phantasie, ja die vollkommene Freiheit des Herzens bewahrest, das muß ihr verborgen oder wenigstens die Möglichkeit davon muß ihr rätselhaft bleiben. Wie sie ist, ist sie sehr eigen, allein das Höchste, was man bei einer Frau empfindet, gibt sie nicht." (7.1.1810) – Es ist schon so, Frieden hat kaum jemand bei Caroline gefunden. Sie vertrieb eher, als dass sie anzog.

Vielleicht wurde die Freundschaft zwischen den dreien deshalb so anhaltend, weil erotische Gefühle ausgeschlossen blieben. Überblickt man diese Beziehungen, so hat man den Eindruck von etwas Ungetrübtem, Gleichmäßigem. Sie waren einander ebenbürtig. Und sie bildeten mit Schiller, Charlotte und Dalberg eine Gemeinschaft, die andere ausschloss, die sie im eigenen Bewusstsein heraushob aus der Welt der anderen. Außer Wilhelm von Wolzogen waren es Humboldts, die Caroline nach ihrer Scheidung nicht im Stich ließen. Sie sorgten sich während der letzten Zeit der Beulwitzschen Ehe um Caroline, beobachteten mit viel Anteilnahme das Verhältnis, ohne immer gleich zu werten, und begleiteten sie nach der Scheidung.

Tiefer in die Eigenheit ihrer Beziehung mag folgender Brief blicken lassen, der noch am Anfang ihrer Bekanntschaft von Humboldt geschrieben wurde: „... Daß ich diese Ideen, die in mir so lebhaft sind, in Dir so rege fand, das Kar., knüpfte zuerst meine Seele an die Deine. Du suchtest Dir jede Idee so deutlich zu machen, hütetest Dich so sehr auch von Deinen liebsten wonnevollsten Gefühlen nicht hintergangen zu werden, verbreitetest so eine schöne, milde Klarheit über alle Gegenstände, prüftest das Einzelne so genau, und stelltest es dann wieder zu einem so schönen Ganzen zusammen. Dabei hattest Du eben die Gesichtspunkte als ich, das einzige wahre Ziel menschlichen Strebens, die geistige Vollkommenheit, das innere Gleichgewicht der Neigungen, der unzertrennliche Zusammenhang der Ideen waren der einzige Maßstab, nach dem Du Werth und Glückseligkeit maßest. O! wie schön, wie herrlich wir das alles in uns ausbilden, wie viel gleiche Seiten wir noch finden, wie viele noch schaffen könnten, wenn wir diesen Sommer eine kurze Zeit lang mit einander verlebten..." (4.5.1789) Das aber blieb Schiller vergönnt.

Der Kontakt zu den Humboldts war für Caroline schon wichtig, als Schiller heiratete. Gegenüber ihrer Freundin verheimlichte Caroline ihre bitteren Gefühle nicht. Diese erfuhr all ihren Schmerz, und nach alter Tradition der Tugendbündler wird auch Wilhelm die Briefe gelesen haben.

Im Juli 1790 schrieb er an Caroline: „Du schreibst so wund und so weh in Deinem letzten Brief. Armes, liebes Weib, wie treu mein Herz mit Dir fühlt. Aber nichts hat mich so tief ergriffen, als was Du von Dir und Schiller sagst. ‚Kein alter Ton erklingt unter uns, ich verhüte es und er sucht es nicht – die himmlische Freiheit ist entflohn!' Ich kenne das Gefühl, Karoline, über den Gräbern seiner Freuden zu schweben. Kein andres reicht daran und die Seele empfindet so eine süße Wehmuth, indem das Gefühl ‚es war!' sich in die selige Erinnerung der Vergangenheit auflöst. Möge sie Dir oft zurückkehren als eine liebe Erscheinung, sie kann Dich nur freuen, da Du diese Gegenwart daraus schuffst, das Glück der lieben Lotte und Schiller's ruhiges, kummerloses Leben! Du schaffst so viel Freude und genießest so wenig, Karoline. Du machst glückliche Menschen und bleibst allein und verwaiset stehn. Das giebt wohl ein großes, hohes, schönes Gefühl, aber dieser Gefühle bedarf unser Herz weit weniger, als der sanften, weichen, an die es sich so schön lehnen, in denen sich so süß ruhen läßt. Und gerade diese Gefühle entbehrst Du bei denen, die Dir am nächsten stehen ... Mir hast Du gegeben, was mir fast Niemand gab. Du warst die erste, die mich ihrem Herzen näher treten ließ. Selbst Lina hatte noch wenig gesehn, wie es in mir war, da kam ich zu Dir und Du verstandst mich blicktest tief in mich, und Dein Vertrauen und Deine Liebe wurden mein." Die Zuneigung, die Caroline zu Humboldt hegte, mag mit dessen Fähigkeit zusammengehangen haben, ähnlich wie Caroline Situationen zart erfassen zu können und schonend mit dem Leid anderer umzugehen. Es ist sehr viel über die Dreierbeziehung Schiller, Charlotte und Caroline geschrieben worden. Nirgends aber wurde gerade der traurige Abschluss für Caroline so von Herzen tief erfasst wie in diesem Schreiben.

In einem anderen Brief an seine Frau äußert sich Wilhelm von Humboldt kritischer gegenüber Caroline: „Wie ich auch Lilly bewundere und liebe, ich wäre nicht für sie geschaffen gewesen. Oft entschlüpft sie mir schnell, und oft sah ich sie selbst in den zärtlichsten, ergriffensten Momenten doch nicht tief mit meinem Wesen beschäftigt. Wo sie liebt, da ist und muß es anders sein, aber auch da, glaube ich, zaubert sie sich leicht ein Bild des Geliebten in die Seele, das nicht immer in jedem Zug getreu ist. Manchmal kam es mir so vor mit Schiller. Sie nimmt mehr den anderen aus ihm selbst heraus, als daß sie tief in ihn eingeht und in ihm verweilt. Daraus erkläre ich mir auch besser, was sie mir selbst sagte, daß ihr Gefühl nicht selten wechselt." (22.1.1791)

Die Humboldts zogen 1797 von Jena weg, für sie begann ein unruhiges Leben, das wesentlich bestimmt wurde von Humboldts Forschungen und seinem politischen und diplomatischen Engagement. Immer wurden Briefe ausgetauscht. Caroline hatte in ihm einen Briefpartner, der ihre Sehnsucht nach den einstigen Tagen, als sie alle in Jena und Weimar beieinander waren, noch teilte und verstand. 1806 schrieb Humboldt aus Rom an Caroline: „Sonst hat mir Ihr lieber ausführlicher Brief eine unbeschreibliche Freude gemacht. Ihr Beifall ist ein Zuruf aus einer bessern Welt, zumal ich hier niemand, als die gute, und sich auch immer gleiche Li bei mir habe. Die Zeiten und die Menschen sind nicht mehr, und es schmerzt mich manchmal, daß ich mich gewissermaßen eigenmächtig aus jenem Kreise hinwegriß, erst durch meine Reise nach Paris, dann hierher. Doch ist beides auch gut gewesen, und jetzt hätte ja doch das Schicksal mit Schiller wieder alles zerrissen."

Schillers Tod im Mai 1805 war für Caroline ein schwerer Verlust. Die Verstimmungen zwischen ihm und ihr im Zusammenhang mit ihrer Scheidung und Wiederverheiratung hatten sich längst gegeben. Sie und Goethe gehörten neben der Familie zu den Vertrauten um Schiller. Mit Charlotte hatte Caroline an seinem Sterbebett gestanden.

Humboldts Rat war wieder vonnöten, als Carolines Sohn Adolf 1813 in die Armee eintrat und sie um dessen Leben und Wohlergehen bangte. Bereits nach dem Tode Wolzogens 1809 hatten Humboldts ihr zur Seite gestanden, und nach dem Tod des Sohnes 1825 wurde die befreundete Familie ein wichtiger Halt. Humboldts lebten zuletzt wieder auf Schloss Tegel, Wilhelm von Humboldt hatte sich aus dem politischen Leben zurückgezogen und widmete sich einzig seinen Sprachforschungen und den Künsten.

Wilhelm von Humboldt nahm später auch Anteil an ihrer Biografie über Schiller und verfolgte mit großem Interesse die Herausgabe des von Caroline angeregten Briefwechsels zwischen Schiller und Goethe durch Cotta. Allerdings verteidigte er die lückenlose Wiedergabe auch der alltäglichen Kleinigkeiten im Leben der berühmten Männer, während Caroline allein die edlen Seiten ihrer Lebensläufe veröffentlicht wissen wollte. In gewisser Hinsicht machte sie sich schuldig, als sie in ihrer Schillerbiografie Briefe fälschte, die Schiller an sie und Charlotte geschrieben hatte. Sie löschte sich selbst aus und änderte Ausdrücke, die Schiller als Menschen im Alltag zeigten.

Am 26. März 1829 schrieb Humboldt Caroline vom Tod seiner Frau. Der letzte Teil des Briefes lautet: „Es sind nun über 40 Jahre, theure Caroline, daß wir drei uns kennen. Die Tage der Jugend, die wir zusammen verlebten, waren sehr schön. Mein Andenken ist oft bei Ihnen und wird es sein... Sie haben großen Schmerz gelitten, ich jetzt, und wir leiden solchen, den nichts heilt. Man betrauert ja nur das verlorne Glück, und das kehrt nie wieder. Da kann keine Zeit Wunden heilen; was die Menschen so sagen, weil sie nicht empfinden. Ich sehe mich wie abgeschieden von den

Adolf Freiherr von Wolzogen

Menschen an, seitdem dies Band zwischen mir und der Welt zerrissen ist."

Gerade in ihren letzten Lebensjahren nahm ihr Briefwechsel zu. Sie schrieben sich lange Briefe, die wie in der Jugendzeit viel Stimmung wiedergeben, allerdings ohne den damaligen Überschwang. Es waren leise Briefe, die der Lieben gedenken und darüber erzählen, wie sie mit dem Schmerz fertig werden. Caroline teilte ihrem Freund mit: „Innigen Danck, theuerster Freund, für Ihr liebevolles Angedencken. Ihre Stimme der Liebe spricht am tiefsten an mein Herz, die geliebte uns für jetzt Schweigende tönt mir auch in ihr nach. Ohne sie hätte ich Sie vielleicht nicht so ganz gekannt und empfunden, aber sehr lebhaft angezogen hätte mich Ihr ganzes Wesen immer. Wenn die Li, und wie Sie freundlich meinen, auch ich uns nicht wiederholen können, so wiederholen Sie, Dalberg und Schiller sich auch nicht. In Ihrem innigen Empfinden, das immer mit klarer Einsicht gepaart ist, und deshalb zart und reich die weibliche Natur faßt, liegt ein geheimnisvoller Zauber der mir so oft als Trost erschienen ist. Im tiefsten Liebesschmerz in Erfurth (1793 – C.T.), und in der zerrißensten Angst um mein Kind in Prag (1813 – C.T.) waren Sie mir Wircklich eine Götter Erscheinung." (20.2.1831)

Zurückblickend auf ihr Leben, das von vielen Verlusten begleitet wurde, schrieb sie Humboldt: „Auch der Schmerz, und gerade er, hat eine hohe läuternde Kraft, ja eine unaussprechliche Süßigkeit, wenn er sich wie Epheu ums Herz rankt."

So wird der Tod Wilhelm von Humboldts 1835 Caroline nicht mehr sehr erschüttert haben. Es war der letzte Abschied, den sie hinnehmen musste. Alle anderen aus der alten Zeit waren ihm vorangegangen. Sie selbst erreichte ein für damalige Zeiten biblisches Alter.

Späte Jahre

„Es gibt Augenblicke, oft Viertelstunden in meiner Seele,
wo alle erlernten Ideen, alle Erinnerungen aus meinem
vergangenen Leben aus ihr verlöscht zu sein scheinen. Neu
sind mir alle Dinge, alle Verhältnisse, selbst Menschen,
mit denen ich lebe, die ich liebe, fühle ich in dieser Zeit
meinem Herzen nicht nah. Könnte ich in dieser Stimmung
bleiben, wenn Todesgefahr über mir schwebte, so würde
ich die Welt mit eben so viel Gleichgültigkeit verlassen, als
mein Zimmer auf einige Augenblicke. Ich fühle recht, wie
sich mein handelndes, oder alle Handlungen wirkendes
Wesen, Mühe giebt, meine Bestimmung in der Welt, die
Dinge um mich her wieder in sich zu rufen, und das geistige
Leben wieder fort zu leben, das unterbrochen schien."

Hier reflektiert Caroline einen Wesenszug, den auch
Freunde an ihr bemerkten und der befremdete. Einerseits
stellte sie selbst hohe Anforderungen an Beziehungen,
legte Wert auf Tiefe, und andererseits entzog sie sich ihrer
Umgebung. Wilhelm von Humboldt mit seiner sensiblen
Beobachtungsgabe teilte dies seiner Frau einmal mit:
„Caroline gehört zu den wunderbarsten und am schwersten
zu begreifenden Naturen. Noch bei meinem neulichen
Besuche bei ihr habe ich mich davon überzeugt, und viel
über sie, vorzüglich in Vergleichung mit Dir, nachgedacht.
Sie ist unleugbar unendlich viel, sie hat in Geist und
Einbildungskraft was unglaublich anzieht, beschäftigt, oft
in Bewunderung versetzt, allein es ist wunderbar, daß doch
gerade das Tiefste und Beste ihr abgeht. Es ist und bleibt
immer eine Natur, die mehr mit der veränderlichen Ober-
fläche der Dinge und mit allem was sie anzieht wie mit
bunten Seifenblasen spielt, und da sie durch ihre wirkliche
Genialität eine große Unabhängigkeit gewonnen hat, so
erscheint sie manchmal hart und wirklich minder weiblich
und lieblich, vorzüglich seitdem die Jugend das nicht mehr
wie sonst bedeckt. Bei Carolinen liegt aber viel gewiß in
den ersten Schicksalen ihres Lebens. Wäre sie gleich in

eine eigentlich innerlich beglückende Lage gekommen, so wäre sie sicherlich ganz anders geworden, allein sie hat nie eine Verbindung gehabt, in der innerlich und äußerlich auch nur irgend große Harmonie gewesen wäre, bei einem anderen Charakter hätte sie das freilich unglücklicher, aber auch tiefer gemacht, allein nagender Kummer, hohe und schöne Empfindung des Schmerzes ist ihr fremd, sie ist dazu wirklich nicht groß genug, ihre Phantasie knüpft immer wieder scheinbar zusammen, was innerlich schrecklich zerrissen war, und wenn man es genau nimmt, so sind die Schicksale des Lebens an ihr vorübergegangen, ohne mächtig auf sie zu wirken. Allein in Klugheit und Charakterkraft ist sie viel stärker geworden, und darin findet man gegen die früheren Jahre einen gewaltigen Unterschied. Wolzogens gewiß nicht ferner Tod wird anfangs sehr zerreißend auf sie wirken, aber hernach kann er ihr nur wohltätig sein. Auch geht dann gewiß noch eine neue Epoche für sie an." (5.8.1809)

Das schrieb Humboldt wenige Wochen vor Wolzogens Tod im Jahre 1809. Ob er Caroline gerecht wird, bleibt dahingestellt. Vielleicht hat sie sich aufgrund ihrer schmerzhaften Erfahrungen einen Schein gegeben, den kein anderer ihr nehmen durfte, auch nicht der Freund. Vielleicht hat sie in kluger Absicht ihren Schmerz nicht geteilt. Sie hat lange ausgehalten im gesellschaftlichen Leben, trotz Sehnsucht nach Einsamkeit auch immer Kreise von Menschen um sich gehabt. Ihr Interesse galt besonders jungen Leuten. Mit Wolzogen hatte sie endlich ein ihr gemäßes Leben gefunden. Sie hatte ein Kind, hatte den gebildeten Freundeskreis, der ihr guttat, hatte in der Schillerfamilie auch nach des Dichters Tod Menschen, die ihr sehr nahe standen und um die sie sich kümmerte. Sie sorgte sich sehr um den Werdegang der Schillerkinder und begleitete Charlotte bei dieser schwierigen Aufgabe. Mit der Schwester verband sie ein lebenslanger Briefwechsel, wenn sie getrennt waren. Sie reiste viel, lernte Paris und Prag und deren Kunstschätze kennen, war immer voller Pläne und Tatendrang.

Das alles war manchem Zeitgenossen zuviel. Wie verletzlich sie war, wie tief sie empfinden konnte, erfährt man wieder bei ihren Sorgen um den Sohn. Er war in der Zeit der Befreiungskriege in die Armee eingetreten, und Caroline reiste ihm nach, um in seiner Nähe zu sein. Bis 1821 dauerte dieses aufreibende Leben für die Mutter. Dann kehrten beide in die Heimat zurück. Adolf erkrankte bald darauf an Depressionen. An seinem 30. Geburtstag beging er wahrscheinlich Selbstmord. Möglich ist aber auch – so schildert Caroline das Geschehene wenige Tage später in einem Brief an Karoline von Humboldt –, dass ein Gewehrschuss unglücklich losging und ihn tötete. Genau weiß man es nicht. Auch das hatte Caroline zu ertragen. Zuvor, im Dezember 1823, war chère mère im Alter von 81 Jahren gestorben. Caroline hatte sie in den Tagen und Nächten ihres Sterbens begleitet.

Caroline verließ Weimar. Es sind noch Briefe aus Bösleben an den Kustos Johann Michael Färber erhalten, die von ihrer Wohnungssuche zeugen: „Lieber Ferber, ich bin überzeugt, daß Sie auch bei meinem unausforschlich schmerzlichen Verlust theilnehmend an mich gedacht haben. Ich wollte nach Cölln zu meiner Schwester gehen, weiß aber noch nicht, ob ich diesen Plan wegen der Kränklichkeit meiner guten Schwenken ausführen kann. Weimar ist mir fürs erste gar zu schmerzlich; ich wünschte daher zu wißen, ob ich nicht ein paßendes Quartier in Jena, für diesen Winter finden könnte?... Die Hauptbedingung ist, daß das Hauß eine freie Aussicht hätte, Mittags-, wenigstens Morgensonne hätte u. in keiner engen Straße läge. Ein Gartenhauß, das nicht zu entfernt von der Stadt läge, nur daß man sich vor Einbruch zu fürchten hätte, wäre mir auch recht. Fände sich ein Quartier auf dem Graben, so wäre es mir am liebsten." Drei Wochen später schrieb sie: „Ich danke Ihnen sehr für die gegebene Nachricht. Da mir Ihre Kaiserliche Hoheit ihr Gartenhauß zur Wohnung angeboten haben, so brauche ich für jetzt das Quartier nicht, das sonst sehr paßend wäre. Da ich nicht weiß, ob meine

Karoline von Wolzogens Zimmer in Jena. Gezeichnet von Sophie Kieser.

Caroline v. Wolzogens Zimmer in Jena,
heute Saalbahnhofstr. 12

Pferde auch im Garten ein Unterkommen finden können, so bäte ich Sie aber, sich vorläufig nach einem guten Stall für diese umzusehen." (1825) Bald fand sie eine Wohnung nördlich vor den Toren der Stadt. Wilhelm von Humboldt besuchte Caroline in Jena. In ihrer Wohnung fühlte er sich wohl, doch er war entsetzt über die Umgebung: „Carolines kleine Wirtschaft ist recht ordentlich. Der Kutscher ist sogleich der Bediente, er ist geschickt und man merkt ihm keinen Geruch an. Außer der Schwenken (Carolines lang-jährige treue Dienerin – C.T.) hat sie wohl nur noch ein Mädchen. Aber man ißt recht gut bei ihr. Auch das Wohnen ist, wenn man einmal oben in ihrem Zimmer ist, recht leidlich. Aber die Treppe, der Flur und alle Umgebungen des Hauses und Hofes! Freilich sind aber die meisten Häu-ser hier so... Wo ein gewisses Gerät bei Carolinen steht, kann es einem wie dem römischen Fabricius ergehen. Wie dem ein Elefant plötzlich über dem Kopf brüllte, so blökt manchmal unvermutet eine Kuh unter einem, und durch ein Loch kann man die Gute auch selbst sehen. Es ist wie eine Geßnersche Idylle."

Ihre treue Begleiterin war Wilhelmine Schwenke, die schon 1798 in Weimar als Dienstmädchen zu ihr gekom-men und bald zu einer Vertrauten geworden war. 1830 schrieb Caroline ihr: „Fange nur nicht an, Mißtrauen in Deiner edlen Natur aufkommen zu lassen, liebe Schwen-ken, ich hätte sonst niemand mehr auf der Welt, auf den ich mich verlassen könnte." Der Schwenken vermachte Caro-line ihren Nachlass. Sie wurde damit beauftragt, einen Teil ihres Briefwechsels zu vernichten, was sie auch tat.

In Jena brach Caroline ihre Kontakte nach Weimar nicht ab, aber im Wesentlichen lebte sie doch allein. Den Tod ihrer Schwester erlebte sie aus der Ferne. 1825 waren Charlotte und die jüngere Tochter Emilie nach Köln zum Sohn und Bruder Ernst gereist. Ein sich ständig verschlim-merndes Augenleiden veranlasste Charlotte, zu dem be-rühmten Arzt von Walther nach Bonn zu reisen, um sich operieren zu lassen. Am 9. Juli 1826 starb sie nach gelungener Operation an einer plötzlich eintretenden Schwäche. Daher ist ihr Grab in Bonn zu finden.

Caroline hatte eine große Gabe, sich zu erinnern. In Jena schrieb sie im Alter von 63 Jahren ihre vielbeachtete Schillerbiografie. Schon im Februar 1822 schrieb sie an Karoline von Humboldt: „Ein abgeschmacktes Produkt über Schillers Leben hat mich auch nicht wenig geärgert. Daß man sein heiliges Andenken zum Organ der Schmeichelei für die Lebendigen machen will, ist ganz unwürdig. Mit Körners Lebensnachricht könnten die sich begnügen, denn er haßte selbst alles Zersplittern der Existenz so. Der Unmut sollte keine Muse sein, aber ich entwerfe selbst jetzt etwas über ihn, wozu du und Humboldt auch helfen sollen, denn wir haben ihn doch eigentlich nur gekannt. Sage es niemand, denn wahrscheinlich bleibt es in meinem Pult verschlossen bis zu späterer Zeit." Sie holte es doch hervor und gab es Goethe zur Kritik. Der aber enttäuschte sie: „Das mir geneigtest anvertraute Manuskript liegt schon einige Tage neben mir, ich habe hineingesehen und mache dabei eine Erfahrung, von der man sich in jüngeren Jahren nichts träumen läßt; ich finde ganz unmöglich es durchzulesen und werd' es Ihnen leider ohne Weiteres zurückschicken müssen. Durch diese Empfindungen werde ich nur aufmerksamer auf das, was mir schon einige Zeit begegnet, daß ich nehmlich in's längst Vergangene nicht zurückschauen mag. Mit dem abgedruckten Briefwechsel geht es mir ebenso, er macht mir eher eine traurige Empfindung, die wenn ich sie mir verdeutlichen will, sich ohngefähr dahin auflöst, daß in hohen Jahren, wo man mit der Zeit so haushältig umgehen muß, man über sich und Andre wegen vergeudeter Tage höchst ärgerlich wird. Jenes Manuscript laß ich daher noch kurze Tage bei mir liegen, theile ungern obige Bemerkung mit, und läßt sich das Gefühl durch Reflexion nicht beschwichtigen, so erhalten Sie die Hefte ungesäumt zurück, mit höchst dringender Bitte um Verzeihung eines unerwarteten Seelenereignisses, dessen ich nicht Herr werden kann.

Erhalten Sie, verehrte Freundin, mir ein unschätzbares Wohlwollen und setzen Sie Ihre aufmunternde Theilnahme an demjenigen fort, was ich allenfalls noch anbieten kann und überliefern könnte. Mich angelegentlichst empfehlend, treu angehörig

J. W. v. Goethe" (29.9.1829)

Im hohen Alter schrieb sie ihren zweiten Roman, „Cordelia". Die Niederschrift dieses Romans hat vielleicht Stimmungen aus der Jugend geweckt, vieles erinnert an „Agnes von Lilien". Ganz anders erlebte Caroline aber das Echo auf ihr zweites Buch. Kaum jemand nahm Notiz davon. Die Zeiten waren weit fortgeschritten, die Dichter des Vormärz wurden gelesen. Das Zentrum des deutschen Geistes war längst nicht mehr in Jena und Weimar.

Caroline las bis ins hohe Alter sehr viel. Über ihre Lektüre Kants schrieb sie 1830: „Mit keiner Philosophie lebe ich jetzt mehr und inniger, und er soll mich begleiten so lange mir das Licht dieser Sonne scheint. Seine Fragen machen mich meiner selbst in allen Tiefen des Daseins, in Gott und Ewigkeit, viel gewißer als alle Aßertionen Anderer."

Trost wurde ihr auch die Religion, in der sie die Tiefe fand, die nun eine neue Ruhe begleitete und Halt und Trost für sie war. „Gott hatte unendlich viel für mich gethan; auch erschien mir in der bittersten Not seine Hilfe sichtlich, wie eine rettende Hand aus den Wolken. Schiller sagte einmal, meine Geschichte habe etwas Alttestamentliches: so geführt, so gerettet wurde ich. Aber die Lockungen irdischer Genüsse führten mich abwärts; Spitzfindigkeiten des Geistes, Wissenstrieb, mitunter Spiel der Phantasie, auch im Höhern, Bessern, ein Trieb Alles nach meinem Sinn zu lenken (ich darf sagen, nach einem hohen Sinne, denn ich wollte nur das beste und Gute herrschend sehen), verwirkte meine Seele."

Sie wünschte sich ein stilles Begräbnis an der Seite Knebels an der Mauer auf dem alten Friedhof in Jena. Aber eine große Trauergemeinde begleitete sie auf ihrem letzten Weg am 14. Januar 1847.

Grab der Caroline von Wolzogen
auf dem Jenaer Johannisfriedhof,
dem Alten Friedhof an der Friedenskirche

Kurzbiografie

1763	3. Februar: Caroline von Lengefeld wird als Tochter des Oberförsters Carl Christoph von Lengefeld und seiner Frau Luise Eleonore Friederike, in Rudolstadt geboren.
1766	22. November: die Schwester Charlotte, die spätere Frau Friedrich Schillers, wird geboren
1776	Tod des Vaters
1783/1784	Reise in die Schweiz
1784	2. September: Heirat mit Ludwig von Beulwitz
1887	6. Dezember: erste Bekanntschaft mit Friedrich Schiller im eigenen Haus
1789	Erste Bekanntschaft mit Wilhelm von Humboldt, Korrespondierendes Mitglied im Tugendbund der Henriette Herz
1794	Juli: Scheidung von Ludwig von Beulwitz September: Ehe mit Wilhelm von Wolzogen
1795	10. September: Geburt des Sohnes Adolf
1796/97	Veröffentlichung des ersten Romans „Agnes von Lilien" in den „Horen"
1797	Wohnsitz mit der Familie in Weimar
1802	Reise nach Paris
1805	9. Mai: Tod Friedrich Schillers
1809	17. Dezember: Tod Wilhelm v. Wolzogens
1823	Dezember: Tod der Mutter
1825	10. September: Tod des Sohnes Adolf, Umzug nach Jena
1826	9. Juli: Tod der Schwester Charlotte
1826/27	2 Bände Novellen erscheinen
1829	26. März: Tod der Freundin Karoline von Humboldt
1830	Erscheinen der Schillerbiografie „Schillers Leben"
1835	Tod Wilhelm v. Humboldts
1840	„Cordelia", ihr zweiter Roman, erscheint
1847	11. Januar: Caroline stirbt

Bildnachweis

[1]   Schiller-Nationalmuseum/Deutsches Literaturarchiv Marbach
[2]   Stiftung Weimarer Klassik, Museen
[3]   Foto: G. Köhler

Verwendete Literatur

Anemüller, E.: Schiller und die Schwestern von Lengefeld. 1920

Beulwitz, Mathilde Donata von: Friedrich Wilhelm Ludwig von Beulwitz und seine Ehe mit Caroline von Wolzogen. Aus: Jahresbericht des Schwäbischen Schillervereins. Stuttgart 1930

Bierbaum, Heinrich: Karoline von Wolzogen aus ihren Werken und Briefen. Diss. Greifswald 1900

Boerner, Peter (Hrsg.): Wolzogen, Caroline. Gesammelte Schriften Bd. 1, 2, 3. Hildesheim 1988-90

Brock, Stephan: Karoline von Wolzogen, Agnes von Lilien. Diss. Berlin 1914

Feyl, Renate: Das sanfte Joch der Vortrefflichkeit, Köln 1999

Golz, Jochen (Hrsg.): Caroline von Wolzogen (1763-1847), Weimar/Marbach a. N. 1998

Haufe, Eberhard (Hrsg.) Schillers Werke. Nationalausgabe Bd. 25, Weimar 1989

Kahn-Wallenstein, Carmen: Die Frau im Schatten. Bern und München 1970

Leitzmann, Albert: Aus Briefen von Karoline. In: Euphorion 15, S. 482 ff. Leipzig und Wien 1908

Lengefeld, Selma von: Carl Christoph von Lengefeld. Schwarzburg-Rudolstädter Oberforstmeister, in: Rechenschaftsbericht des Schwäbischen Schillervereins 1927/28, S. 15-46. Stuttgart 1927/28

Müller, Ernst: Aus dem Nachlaß der Karoline von Wolzogen. In: Marbacher Schillerbuch, Bd. 1. , S. 358 ff. Stuttgart 1909

Müller, Ernst: Schillers Beziehungen zur Familie von Wolzogen 1898/1899.

Nahler, Edith und Horst (Hrsg.): Schillers Werke. Nationalausgabe Bd. 26, Weimar 1992

Schwenke, Paul: Aus Karoline von Wolzogens Nachlaß. In: Zeitschrift für Bücherfreunde 9, S. 49 f. Bielefeld 1905/06,

Schwenke, Paul: Aus Wilhelm von Humboldts Studienjahren. In: Deutsche Rundschau, Bd. 66, S. 228 ff. Berlin 1891

Skrodzki, Karl Jürgen (Hrsg.) Schillers Werke. Nationalausgabe Bd. 24, Weimar 1979

Urlichs, Ludwig (Hrsg.): Charlotte von Schiller und ihre Freunde, 3 Bde. Stuttgart 1860

Weiterführende Literatur

Becker-Cantario, Barbara: Der lange Weg zur Mündigkeit – Frauen und Literatur in Deutschland von 1500 bis 1800. München 1989

Dülmen, Andrea von (Hrsg.): Frauen. Ein historisches Lesebuch. München 1991

Frevert, Ute: Frauen-Geschichte. Zwischen bürgerlicher Verbesserung und neuer Weiblichkeit. Frankfurt/M. 1986

Gersdorf, Dagmar von: Dich zu lieben kann ich nicht verlernen – Das Leben der Sophie Brentano-Mereau. Frankfurt/M. 1990

Kiene, Hansjoachim: Schillers Lotte. Porträt einer Frau in ihrer Welt. Düsseldorf 1984

Lange, Sigrid (Hrsg.): Ob die Weiber Menschen sind. Geschlechterdebatten um 1800. Leipzig 1992

La Roche, Sophie von (Hrsg.): Pomona für Teutschlands Töchter. Heft 5, S. 405 ff. Speier 1784,

Marwinski, Felicitas: Lesen und Geselligkeit. Jena 1992

Schwarz, Gisela: Literarisches Leben und Sozialstrukturen um 1800. Frankfurt/M., Bern u.a. 1991

Sichelschmidt, Gustav: Caroline von Humboldt. Ein Frauenbild aus der Goethezeit. Düsseldorf 1989

Sommerfeld, Martin: Friedrich Schlegel über die Agnes. In: Euphorion 23, S. 584 ff. Leipzig und Wien 1921

Susman, Margarete: Frauen der Romantik. Darmstadt 1960

Sydow, Anna von (Hrsg.): Wilhelm und Caroline von Humboldt in ihren Briefen, Bd. 1-7. Berlin 1906-1916

Tornius, Valerian: Salons, Bilder geselliger Kultur in fünf Jahrhunderten. Bd. 2, Leipzig 1913

Touaillon, Christine: Der deutsche Frauenroman des 18. Jahrhunderts. Wien und Leipzig 1919

Walter, Eva: Schrieb oft, von Mägde Arbeit müde. Lebenszusammenhänge deutscher Schriftstellerinnen im deutschsprachigen Raum Ende des 18. Jahrhunderts. Stuttgart 1984

Inhaltsverzeichnis

Ich danke den Mitarbeitern des Marbacher Literaturarchivs, der Herzogin Anna Amalia Bibliothek, Weimar, und der Thüringer Universitäts- und Landesbibliothek Jena. C. T.